中国社会科学院国家未来城市实验室建设项目资助

SMART CIT

刘治彦 主编

丛晓男　余永华

陶　杰　哈秀珍 副主编

智慧城市论坛

COLLECTED PAPERS OF SMART CITY FORUM

No.5

社会科学文献出版社

SOCIAL SCIENCES ACADEMIC PRESS (CHINA)

《智慧城市论坛 No. 5》

撰 稿 人（按文序排列）

潘家华　晋保平　赵　晖　李晓波　肖　飞

宗　良　徐进东　丁维龙　齐明皓　王　平

胡涵清　江　青　易修文　徐振强　辛亚芳

宾春宇　郑光魁　刘治彦　李广乾

校　　对（按姓氏笔画排列）

丛晓男　余永华　哈秀珍　陶　杰　魏哲南

主编简介

刘治彦　籍贯黑龙江省哈尔滨市，祖籍河北省乐亭县。先后就读于南京大学、中国科学院大学（研究生院）和中国人民大学，获理学学士、硕士和经济学博士学位。现为中国社会科学院国家未来城市实验室主任，中国社会科学院生态文明研究所二级研究员、博士后合作导师，兼任中国城市经济学会副会长，中国社会科学院大学教授、博士生导师等。研究领域为城市与区域经济学、资源与环境经济学、城市模拟与智慧城市等。先后多次获省部级以上优秀科研成果奖、中国社会科学院优秀对策信息奖研究类一、二、三等奖等。被评为中国社会科学院科研岗先进个人（2013～2015年）、中央和国家机关优秀共产党员（2021年）等。

目　录

智慧城市论坛开幕式致辞

潘家华

今天高朋满座，各位是智慧大师，我在这里感受智慧的熏陶，希望也能增长智慧。中国社会科学院城市信息集成与动态模拟实验室（现为国家未来城市实验室），作为中国社会科学院的一个跨学科、跨研究所、面向社会的综合性研究平台，这么多年来在刘治彦主任的精心组织和努力工作下，不断取得新的成就，出过一些有关智慧城市的专著和相应的论文集，并在大数据、互联网领域里能够事业有成，能够有过硬的技术。我们向你们请教，向你们学习，希望各位专家给智慧城市建言献策，能够提出方案，这才是我们信息集成和动态模拟实验室的

* 潘家华，中国社会科学院学部委员、中国城市经济学会会长、生态文明研究所（原城市发展与环境研究所）原所长、北京工业大学特聘教授。

价值所在，请大家支持我们一起把智慧城市落地和标准化。原来叫数字城市，后来叫智慧城市（Smart City），这个 Smart 有标准吗？如果没有标准的话，那么我们就有工作可做了，各位专家能不能制定 Smart City 的标准？如果能够拿出这样的标准，那我们不就有话语权了吗？这方面有工作可做，有潜力可挖，是富矿所在。

数字城市领域给我们带来很多便利，大幅提升效率，是社会进步的一个表征。我们也关注数字城市，我作为 20 世纪 50 年代的人可能有点落伍，到一个地方扫码，扫完码还要填一堆数据，我感觉这个太复杂了，对老年用户很不友好。我现在还不算特别老，在向更深一度的老年迈进，以后再有新的玩意儿出来我怎么办？这是一个问题，智慧化应该更简化一些，不要搞得那么复杂。我到有些地方去就让你没完没了地填，填了不对再填。智慧化既然是为带来效益，带来便利，能不能考虑不同年龄段的不同结构需求？

近年来大家担心数字化以后的就业问题，工业化阶段由机器、资本代替劳动，现在智慧代替劳动。有一部科幻小说中描绘的未来，只有 1/3 的人有用，其余 2/3 的人没用，那么由此带来的就业问题如何解决？智慧城市一方面要创新，同时还要考虑到现实中一部分真实的社会需求，考虑到社会稳定过渡，稳步前进，否则智慧城市就相应地会遇到阻力，就会有分化，就会有鸿沟。

工业文明的城市把农耕文明深沟高墙的城池突破了，城市像摊大饼一样地扩张。习近平总书记指出工业文明的聚集效应、规模效应叠加在一起，再加上中国集权思想文化，使得我们现在这样的城市有很多缺失。人本来是自然的产物，结果现在在高楼里面上不得天，下不得地。在我们城市规划建设中，动不动就是一个地标性建筑，建50层楼高、100层楼高、500米高、800米高的摩天大楼，热衷于建世界第一，消耗能源动力，突破地心引力，把人或物从地面提高到数百米的高度需要消耗多少能源？我想应该考虑怎样让现有的城市扁平化，再不要搞所谓的CBD。

习近平同志提出不仅要注重产城融合，还要郊区化，如果在乡村能够享受城市同样的基本公共服务，为什么要待在城市里面？我有深深的农民情结，我希望居住的地方有耕读条件，出门种点白菜，种一棵果树，尽享田园风光。放眼望去现在近视眼多，是不是现在城市高楼多了，使得眼光看不远，使很多人"目光短视"，这看似开玩笑，但确实是这样。

习近平同志向世界承诺我国将在2060年前实现碳中和，我们做得到吗？智慧城市建设能够在这方面做一些努力吗？日本、韩国明确要在 2050 年前实现碳中和，世界上一些国家承诺在 2035 年实现碳中和，还有一些国家承诺在 2040 年实现碳中和。现在我国属于世界碳排放第一大户，年碳排放量是美国的 2 倍、欧盟的 3 倍，我们怎么减碳？因此智慧城市目前在新能源、可再生能源、能源系统管控这些方面亟待进行相关研究。由于时间关系，我的演讲到此结束，谢谢大家！

推进智慧城市建设的一些思考

晋保平*

智慧城市建设是近年来城市建设中非常重要的板块，在理论、实践和技术等各个层面都需要我们进行研究，所以每年利用开城市经济学会年会的时候专门选一个专题进行智慧城市建设的讨论很有意义。

第一，我认为智慧城市建设是推进城市更新转型、提高城市质量的一个重要抓手。城市的更新、城市的转型以及城市质量的提升等，这些都是城镇化发展到高级阶段提出来的。在城市更新过程中我们比以往更加依赖技术方面的推进，智慧城市建设对目前正在进行的城市更新转型和提升城市质量能够提供很大的帮助。

---

*　晋保平，中国社会科学院原副秘书长、中国城市经济学会荣誉会长。

第二，智慧城市建设有助于提高城市的运营效率和城市的管理水平，进而有助于节约城市的运营成本。比如像铜川这样的城市，城市人口大约86万人，在全国300多个地级市中，属于人口较少的城市。目前的城市概念除了覆盖城区之外还包括农村，管理方面城市规模大了不行，小了也不行，过大过小对运营成本都会有不利影响。智慧城市建设中大数据、云计算、物联网这些新技术的出现和应用，对提高城市运营水平、降低成本有很大的好处。我们发现现在很多城市的资源之所以不能得到有效的整合，管理的成本相对大，与不能很好地运用现有技术，进而不能把城市变得越来越智慧有关系。

第三，推进智慧城市建设对有效解决交通拥堵、环境污染等"城市病"也是有好处的。我们注意到，一方面由于盲目的城市扩张，出现了"城市病"；另一方面我们通过完善城市建设政策、产业布局政策、行政管理手段等又尽可能地缓解了这一问题。如果我们能够很好地推进智慧城市建设，那么"城市病"会得到更有效的缓解。从某种意义上讲，智慧城市建设是有效治理"城市病"的一剂良药。

党的十九届五中全会进一步明确了城市是干什么的，即城市建设是为了给人提供现代化的居住生活环境，因此一定要推进以人为核心的城镇化。城市无论规模大还是规模小，建得怎么样有一个重要的参考标准，即工作生活在这个城市里的居民是否能够获得更多的安全感、幸福感和宜居感，这是衡量城市建设非常重要的指标。党的十九届五中全会精神中有非常多的亮点，对于城市经济研究来说，其中很多的新理论、新论断对城市管理很有帮助，比如文化建设，第一次明确了文化建设的时间表。我国今后将面临越来越严峻的人口老龄化挑战，面对这一挑战，未来城市该如何建设，如何体现更多的人文关怀，这些方面均要坚持以人为核心的城市建设与发展理念。

我过去工作几十年，每天一睁眼就去上班，天黑有时候还没到家，对社区没有明确的概念。我现在退休了对社区以及社区治理有了更多的观察，社区居民在生活方面的诸多需求均需要社区工作者来协助解决。我们考察了很多社区，社区治理比较好的单位都充分运用了现代技术，特别是大数据，社区治理的智能化程度非常高，社区工作人员甚至对某栋楼或者某个街区谁过生日都了如指掌。通过运用先进技术，打造智慧城市，让生活在这个社区的居民感受到有温度的社区服务，提升城市居民获得感和幸福感，这是非常有意义的实践。最后，预祝本次论坛取得圆满成功，谢谢大家！

智慧城市建设需警惕的几个问题

赵　晖[*]

　　住建部几年前着力推动过智慧城市建设，时任住建部副部长仇保兴同志对智慧城市非常重视。前一阶段智慧城市研究取得了一些实际成效，从应用角度来看，智慧城市研究对我们的工作带来了很大帮助。

　　第一是数字城管。数字城管在十几年前就开展了相关工作，当时住建部开现场会，提出城市的网格化管理，要求进一步与信息化结合。在此之前信息采集方式比较原始，指挥中心难以统筹协调，数字城管把井盖、路灯与垃圾箱等市政基础设施元素统统纳入城市智慧化管理的数据库。第二是推动城市规划和对城市违建的监管，遥感信息这些都很有效。第三是对风

---

　　*　赵晖，住建部原总经济师。

景名胜区的监管。在风景名胜区建旅游设施、住宿设施和酒店，存在很多违章行为，通过卫星和航空照片数字化进行监管检查，效率大幅度提高。第四是黑臭水体治理。最近几年住建部和生态环境部部署的全国黑臭水体治理，这些工作的监管如果完全依靠地方政府会出现虚报谎报，因为地方相关部门有掩盖事实的动机，不会如实上报相关问题。有了智慧城市的技术手段之后，上一级直接监管，发现问题的能力增强，能够掌握真实情况。第五是电子政务。李克强总理主推的"放管服"改革大力促进了电子政务发展，各个城市开展电子政务服务，办理税务和社保业务基本不用跑各个部门了，大大方便了市民和企业，这在全世界都是最先进的。第六是智慧交通。杭州阿里巴巴率先打造智慧交通体系，日本东京政府相关部门纷纷来访，考察学习，显然中国在该领域的技术水平在全球已经遥遥领先。

以下是智慧城市建设需警惕的几个重点问题。

第一个问题是技术至上而非问题导向。有些中小城市的领导不一定懂智慧城市建设，为了赶时髦，为建智慧城市而建智慧城市。智慧城市建设的导向性不鲜明，目的仅仅是为了标榜城市建设没有落后，与其他城市和地区攀比市政设备的先进水平。有些地方前几年投资力度很大，为了政绩大搞形象工程，不太重视实际问题的解决，造成了不少浪费。

第二个问题是系统不兼容，数据不共享，业务不协同。这个问题在智慧城市建设中普遍存在，住建部系统内有上百个司管理的系统，难于统一协调，且体制部门内分割难以协作。住建部建立的农村危房改造信息管理系统，2012 年为每一户农村贫困户建立了危房改造档案，在我的办公室可以看到他们的照片，目的是防止农村的补助钱跑到村长口袋里。这个系统建立以后，2013 年习近平总书记到甘肃考察扶贫工作向扶贫办的同志提到住建部有一个危房改造信息管理系统，扶贫办的同志马上来住建部考察，扶贫工作中耳熟能详的建档立卡就源于此。

部门的分割不协作是关键问题，难以克服。一是涉及每个人的意识观念，二是技术上有缺陷，三是利益纷争。一旦委托一家公司合并就得割舍几家公司，这类工作一旦涉及利益就很难协调，进而造成系统不兼容，数据不共享，业务不协同。数字工程技术和土木工程技术大相径庭，土木工程是在这修一条铁路，旁边再修一条铁路一目了然。然而数字工程不显现，加之技术迭代迅速，容易出现重复建设，智慧城市建设确实能够发生一些信息系统的闲置和浪费。

第三个问题是盲目大数据化，忽视关键性的决策数据和简便的决策方法。智慧城市建设存在数据越多越科学的错误思维倾向，形成了投入很大的花架子，一些问题反而迷惑了决策层，导致看不清事情的本质。社会经济领域的很多数据具有因果关系，很多事务找简单关键的指标或许更能说明问题，更易于决策，所以要重视、传承和发挥传统决策机制的优势。这并不是否定智慧城市，经济社会治理在某些方面需要大数据，但并不是事事都要依赖大数据，特别是面临重大决策时。

我在 1980 年被派到日本留学，读的专业是社会工学，类似于用数字解决科学决策问题，20 世纪 80 年代这个专业在世界上很流行，到今天社会工学真的管用吗？实事求是地看这种技术没有太大的利用价值，但却经常会迷惑决策。实际工作中我们做过一些数据模型，我根本不信这些，就看最关键最简单的关系。当然这不是绝对的，有一些具体项目确实需要非常物理性的大数据才能科学决策，拍脑袋是拍不出来的。因此，智慧城市要根据实际情况进行分类施策，确定数据的科学性与有效性。

第四个问题是解决城市病、补城市建设短板的功夫不足。当前我国城市建设的主要问题依然是硬件方面薄弱，从过去的外延式扩张到现在的内延式修复和提升，这个工作量非常大。过去城市建设很粗放，智慧城市应该去着重解决城市建设中补短板的问题，而不是一味搞更先进、更前沿的设施。在以城市广场为中心的一两公里范围内散步，走一段路就能闻到强烈的恶臭，原因是什么？我们的城市，特别是老城市的污水管网常常出现粪污瘀积。城市管道建设如果按设计做到有一定的坡度，污水管网就不会出现瘀积。是否按标准设计、能否按标准施工的问题，目前我们都未能解决，何谈其他质量问题。智慧城市能不能在这些方面提出解决方案，补齐短板，是建设智慧管网以监测地下管网流量的主要问题之一。做这些方面的研究，需要切切实实地根据普通市民生活中存在的一些急、难、愁、盼的问题，确立智慧城市设立的目标和拟解决的问题。

要持之以恒地贯彻 2016 年中共中央、国务院《关于进一步加强城市规划建设管理工作的若干意见》，该文件关注的问题是长期性的问题，文件提出的任务今年仍然是重要问题。问题是住建部上一任部长花了九牛二虎之力制定了很好的文件，换了一届领导往往另起炉灶，一个文件仅有一年热度，第二年新鲜劲儿就过去了。我们要解决这些问题，中央发布的文件具有长期指导性，不要换一届领导就改弦更张，特别是故意忽略前面的文件，给国家造成了不利影响。应该把建设安全、便捷、舒心的城市作为智慧城市建设的主要目标。

随着 5G 的快速普及，2020 年 5G 基站建设量增长迅猛，数字城市、无人驾驶和智慧城市密切相关。我国在智慧城市与数字社会方面远超日本，日本在这一领域进展缓慢，2020 年日本成立了数字厅推进行政数字化改革，但意识与技术方面远远落后于我国。日本的数字化建设在 20 世纪 60 年代搞过一轮，20 世纪 80 年代和 90 年代我去日本留学时又有一轮，这几轮对社会的直接影响都不是很大。从全世界来看，这一轮确实会向前迈进非常实质性的一大步。即使人工智能往前走，但是最关键的操作部分，即机器人这部分仍然具有很大的局限性。机器人代替人力，仍需要相当长的一段时间。20 世纪 70 年代工厂里就开始有机械臂，但是机器人完全代替人很难实现，因为开发机器人的局限性极大。我儿子是东京大学机器人研究室的助理教授，他做的研究在世界上领先，他讲机器人代替人都是一般人的期待。实际上目前一般的机器人连 2 岁小孩，甚至 1 岁半小孩的智力都达不到，机器人连一些简单的动作也做不了，看到门把门打开，一般机器人很难做到。无论人的脑神经还是肌肉系统机器人都不能取代。人是极其高级的动物，所以我们通常要建立这个概念，虽然推行机器人，但是不要迷信它能取代人，人是高级动物，高级性在相当长的未来难以被取代。

今后的智慧城市建设，我建议要注意以下几点：一是注重市场化；二是注重问题导向；三是注重自下而上推进；四是注重公民隐私权与安全性；五是注重智慧乡村建设。

全景国土：数字中国的底板

李晓波　肖　飞 *

非常高兴有机会参加 2020 年的百人城市论坛，今年论坛的主题是城市更新转型与高质量发展。刚刚召开的党的十九届五中全会提出要构建以国内大循环为主体、国内国际双循环相互促进的新发展格局。我国发展这么多年，吃穿住行都不缺，全面实现了小康。中央提出下一步要依靠创新驱动和高质量供给来牵引、创造新的需求，呼唤我们致力于创新驱动，实现高质量发展。

一　数字 + 生态是城市发展转型的重要方向

党的十九届五中全会提出要"坚定不移建设制造强国、质

＊　李晓波，自然资源部信息中心副主任；肖飞，自然资源部信息中心工程师。

量强国、网络强国、数字中国"。数字中国是我国在新时代以信息化推动经济社会发展的重大战略，包含数字政府、数字经济与智慧社会等诸多方面，其核心是实现基础设施智能化、产业发展数字化、社会治理精细化以及公共服务普惠化。其中数字经济发展迅速，其以数字化的知识和信息作为关键生产要素，以数字技术为核心驱动力，以现代信息网络为重要载体，通过数字技术与实体经济深度融合，创造巨大的经济价值。仅2019年，我国数字经济增加值就达到35.8万亿元，占GDP的比重为36.2%。虽然数字经济发展非常迅速，但主要体现在"互联网+经济"和传统行业的数字化、网络化方面，而不是通过数据内容的挖掘开发而增值。以数据内容为主体的大数据产业才刚刚起步，还没有成为数字经济的主体，数字经济的发展方兴未艾。

信息技术的发展促进高品质的生活，在信息时代人们的食、衣、住、行、娱等方面的基本消费方式都发生了变化。虽然目前信息技术发展还不是很充分，但现在很多人买东西、点外卖都是在网上实现，住的方面有网上购房，行的方面有网上订票，玩的方面有年轻人喜欢的网上游戏这些娱乐活动。信息技术确实已经深入到大众消费的各个方面，提升了人们食、衣、住、行、娱等方面的品质。

城市是人类居住最重要、最集中的场所，城市发展转型往哪个方向转，核心是要构建数字＋生态的城市。在信息时代，一个人选择什么地方居住，最重要的是看中这个地方的生态环境好，能够提供泛在快速的网络设施，并有好的政策机制。强大的数字经济、便利的数字生活，再加上优美、宜居的生态环境，是吸引人才来工作生活的最重要条件。数字＋生态实际上是未来城市发展转型最重要的方向。如果一座城市在数字＋生态方面能够做得比其他城市好，今后更能够聚集人、财、物，那么它就更有发展潜力。

二　构建全景国土

国土空间是人与地相互作用的空间，是国家主权范围内地球表层系统的三维立体空间，是人类与自然界的岩石圈、水圈、大气圈和生物圈相互作用的有机整体系统。无论是在城市还是在乡村，人们的各类经济社会活动和出行生活，都是在国土空间上进行。每个人所有的行为最终都会在空间上留下痕迹，例如大家在这次新冠肺炎疫情期间印象最深的是健康码，它通过比对每个人的运动时空轨迹与疫情发生区域判断每个人是赋予绿码、黄码还是红码。

　　国土空间数据包括国土上所有从自然资源环境状态到人类经济社会活动的各类数据，是以人地关系为核心，覆盖地上地下三维空间，涵盖自然资源本底各要素（土地、矿产、海洋、森林、草原、河流等）和人类空间利用各要素（人口足迹、城市建筑、产业园、交通、水利设施、矿山等）的全域空间数据（见图1）。

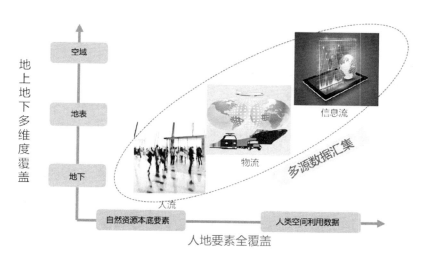

图1　国土空间全域数字化

　　过去十年，我国建立了国土空间一张图，其中包含7000多个图层。现在正在走向空间一体化的三维实景。动态的孪生国土，我们称之为全景国土。全景国土构建起来之后，人类活动以及开发利用的各种要素可以在上面进行立体展示，构建出三维实景一张图。全景国土是全景式三维国土"一张图"，能够对国土空间自然状态、开发利用变化以及人类活动轨迹等进行动态感知、实时分析、科学预测和及时处置（见图2）。

图2　全景式三维实景"一张图"

全景国土是数字中国的底板，也可以说是数字中国的可视化。通过空间视角，把各行各业建设数字中国的数据成果进行关联融合，最后通过可视化将其表达出来。例如看一堆数据，我们通常会觉得很繁杂，如果把数据进行可视化，直观表达出来，就会一目了然。全景国土的建立，无论是对政府治理，还是对企业运行、人民生活都将提供直观的空间信息可视化支持。现在在众多的互联网平台中，国际上最流行的是抖音短视频平台，因为其内容非常直观，外国人也喜闻乐见。全景国土平台建立后，人们可以进行沉浸式购物，通过网络去游玩，实现身临其境的体验；看房买房的时候，周围环境都能够清楚呈现，堪比现场看房。这样的平台今后肯定是我们生活和工作的一部分。

全景国土将有力支持政府治理。一是人类活动监测方面。通过手机信令数据，计算和统计城市实际容纳的人口，以此反映人口分布和流动的真实情况。城市服务设施需按真实人口配置，而不是按户籍人口或者常住人口，掌握真实数据后就能够按需配置城市公共服务设施。此外，目前对于自然资源的集约配置，不是按照户籍人口的多少，而是按照规划人口的多少，全国城市的规划人口最后加起来远超 14 亿人，这就要求对全国的实际人口数据进行监测（见图 3）。

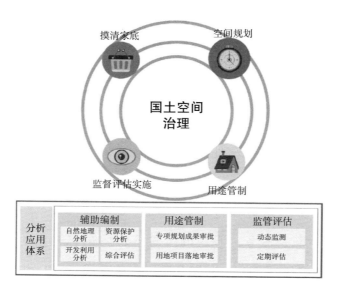

图 3　全景国土支撑国土空间治理

二是国土空间开发利用实时监测方面，可以对生态保护红线和永久基本农田进行实时监控。基于视频的国土空间开发利用监控，能够实现对生态红线和农田内施工行为的动态智能监测和报警。

三是宏观调控方面。例如在房地产调控中，建立包括人地房企城等要素的决策支持系统，对相关大数据进行全面集成，用于支撑对住宅用地供应进行"五类"调控，实现土地供需平衡。

在公共服务领域，可以对各类国土开发、矿产开发、智能选址、买房置业等需求提供服务。例如建设开发项目占用的土地是否属于红线范围，在选址之前可以进行预判。对于不动产金融抵押物品的风险判断，可以通过在线全景国土服务对抵押物品的风险进行提示，降低金融抵押风险。此外借助全景国土平台，还可以对地表建设施工和地下矿产开发行为进行远程管理，例如目前国内部分企业不需要到达现场或者矿坑，就可以身临其境进行管理，已经实现了建筑工地远程管理和智慧矿业监控管理。在住的方面有智慧宜居，老百姓选房都可以通过全景国土平台获得服务。直观的全景式空间信息平台，不但可以满足政府治理的需求，还可以满足民众宜居宜业、生产生活等需要。

三 全景国土关键技术

随着现代信息技术和对地观测技术的快速发展，特别是云计算、物联网、大数据、三维 GIS、人工智能、区块链等技术与高精度卫星遥感、无人机以及视频监控等手段的集成、融合与应用，诸多与国土空间相关的行业正在发生数字化、智能化的重大突破，这也必将创新我们对地球、国土与城市的感知与治理方式。

（一）高精度对地观测卫星技术

我国对地观测的卫星精度越来越高，高分卫星已经能够达到亚米级；观测周期也越来越短，可以从年度到月度，甚至到天；观测维度从平面到立体，从图像到视频，越来越接近于现实。对地观测技术的发展为全景国土快速获取全国范围直观的信息提供了可能。

值得一提的是"吉林一号"卫星星座，包括多功能灵巧视频卫星、高分辨率光谱详查卫星、宽幅光学遥感普查卫星、中分辨率多光谱卫星等。第一阶段是 60 颗卫星在轨组网，具备全球热点地区 30 分钟内重访的能力，每天可以观察全球范围 800 多个目标区域。第二阶段实现 138 颗卫星在轨组网，具备全球任意地点 10 分钟内的重访能力，其中已发射的 9 颗视频卫星，可以对一定范围内的目标进行凝视成像，实现对热点地区和目标的动态实时监测，精度达到了亚米级彩色分辨率。

高分 7 号立体遥感测绘卫星直接获取三维立体影像，相应的分辨率优于 0.8 米，测量精度能够达到 0.3 米，高程精度优于 1.5 米，直接通过高分辨率的双线阵相机获取 1∶10000 的立体影像。高精度对地观测卫星技术的发展将为自然资源领域内国土空间开发利用、自然资源资产监管、生态修复与国土整治、地勘与测绘以及建立三维立体自然资源"一张图"提供强有力的技术支撑。

（二）全景式、全天候视频监测技术

视频监测领域的技术发展迅速，包括目标视频精确定位技术、视频图像地图定位技术、视频电子围栏技术、视频智能分析预警技术等，这些技术为全景国土的智能化提供了可能。

目前，视频监控摄像头已经广泛使用，并覆盖全国主要市镇。现在全国有上亿个视频监控摄像头，除了基本覆盖城市以外，天网工程摄像头已经覆盖到村镇。此外，全国还有 200 万座在郊外的铁塔也可以安装视频摄像机。这些广泛分布的视频设备，为国土的监测提供了重要的影像来源。

（三）人类空间活动大数据

随着移动通信技术的发展和应用，手机信令、LBS 位置定位服务、GPS 导航、POI 空间兴趣点等数据突破了传统统计数据无法统计位置、流动和联系的局限，能够更精准、多维、实时地反映人的空间活动和行为轨迹，为国土空间科学规划和格局优化提供第一手数据资料（见图4）。

图4　人类空间活动大数据技术

现在智能手机的使用十分普遍，使得基于手机信令或位置服务获得的人类活动大数据具有客观性、连续性、精确性的特征，而这与空间规划的贴合度体现为全样本、实时性、动态化、无群体性差别等。人类活动大数据不仅能帮助确定国土空间规划承载的实际人口，还能从中准确地分析人口在时空上的移动和分布规律，并能进一步研究城市人口的居住与就业分布情况、城市昼夜人口密度的分布情况以及时变情况、区域职住比与职住空间分布情况、流动人口识别与数量及其出行特征调查、城市人口密度分布在时间向量上的变化（如人口迁移）等等，为国土空间规划提供准确的定量分析结果。

在更加宏观的层面，运用 LBS 数据、手机信令数据、驾车 OD 数据，建立城市联系强度模型，提取不同规模城市群的空间分布，探索核心城市与周边城市的联系强度，分析不同类型城市群的聚集和跨城出行特点，研究影响城市群发展的因素，为确定城市群的发展目标、空间结构，各城市的功能定位，落实区域协调发展战略，促进区域协调发展向更高水平和更高质量迈进提供技术支撑。

（四）空间信息人工智能分析技术

人工智能从诞生以来，理论和技术日益成熟，应用领域也不断扩大，未来人工智能带来的科技产品，将是人类智慧的"容器"。

基于大数据的国土空间目标人工智能识别，将大幅提升空间数据处理能力和识别精度，使基于监测大数据的国土要素识别、资源环境评估、大小场景快速比对分析、空间目标分析研判等具备了工程生产的基础。通过对历史时间跨度、空间范围跨度以及各种业务跨度的分析比对，找出需要的精准目标，对我国 960 万平方千米陆地国土和 300 万平方千米海洋国土上的实时监控、自动预警成为可能。

（五）数字孪生技术

数字孪生技术，是充分利用物理模型、传感器更新、运行历史等数据，集成多学科、多物理量、多尺度、多概率的仿真过程，是现实世界在网络空间中的真实反馈。伴随着三维地理信息引擎，融合建筑信息模型、视频监控、人工智能和虚拟现实技术的成熟和应用，将使全场景国土空间既能从物理世界投射到数字世界，也能把数字世界叠加、渲染进物理世界，形成虚实协同的数字孪生国土（见图5）。

图 5　数字孪生技术

智慧城市建设的新背景、机遇与策略

宗 良[*]

一 新基建助力"双循环"发展格局

（一）"双循环"塑造新格局

2020年5月23日，习近平总书记看望参加全国政协十三届三次会议经济界委员并参加联组会。他深刻分析了国内国际形势，指出面向未来，我们要把满足国内需求作为发展的出发点和落脚点，逐步形成以国内大循环为主体、国内国际双循环相互促进的新发展格局。

在新发展格局下，我们需要敏锐地把握未来经济走向，重

---

* 宗良，中国银行首席经济学家。

点关注以下方面：第一，抓住内需战略基点，积极开发超大市场；第二，不断改善营商环境，与全球分享中国超大市场；第三，积极重构新型全球产业链；第四，抓好技术创新和制造业龙头；第五，坚持自由贸易和全球化，推进多边机制改革，积极拓展市场。

（二）"新基建"助力"双循环"

我国正在积极推进新型基础设施建设计划，普及各项基础设施推动经济发展，通过在5G、云计算、大数据、人工智能等技术方面的进步为经济带来新的增长动力（见图1）。

图1　新兴数字技术

二 智慧城市建设迎来重大发展机遇

（一）新基建推动"内循环"中的需求升级

"以国内大循环为主体"的前提条件在于夯实内生需求的韧性。新基建将拉动大规模的投资需求，新基建项目的未来空间大、盈利前景好，因此将更易于吸引社会资本长期投入，并避免传统基建重复建设、"挤出效应"等负向成本，更有力地托底经济与居民收入增长。

（二）新基建加速"内循环"中的供给升级

通过工业互联网、大数据中心等新基建设施，中国经济将加快对供给侧的数字化升级，并与高度数字化的居民生活相连接。通过攻克关键核心技术，纾解外部高新技术的"卡脖子"风险，对内带动产业链的整体升级。通过以数字技术赋能传统产业，培育数字经济产业的土壤，创造新的内生增长点。

（三）新基建缔结内外循环的多元纽带

在新基建助推之下，国内供需体系有望加速实现数字化升级，成为全球体系不可或缺的"供给—需求"双中心，同时推动全球价值链的数字化转型，并由此打开国际合作分工的新渠道，加快形成基于新一代技术革命的新全球化时代。

（四）新基建给智慧城市带来重大发展机遇

在新基建时代，以大数据智能、商业智能为显著特征的新一代智慧城市将迎来新的发展机遇。智慧城市涵盖智慧制造、智慧教育、智慧旅游、智慧交通、智慧购物、智慧养老、智慧城管等领域。其中智慧交通这部分涉及巨大的业务量、投资量，整个智慧城市将迎来一个巨大的新增市场。2017 年以来，关于智慧交通、车联网的相关政策密集出台，行业标准体系加快建设，发展路线逐步明晰。智慧交通的实现，需要基于无限通信、传感器探测等技术，实现人、车、路、环境等要素之间的协同互联。其中，V2X（Vehicle to everything，即车对外界的信息交换）通过搭载先进的车载传感器、控制器、执行器等装置，并融合现代通信与网络技术，实现车与 X（人、车、路、后台等）智能信息的交换共享，是智慧交通得以实现的基础。根据中国联通的数据，2020 年全球 V2X 市场突破 6500 亿元，中国 V2X 用户超过 6000 万户，市场规模超过 2000 亿元。

三　智慧城市发展策略

（一）发展意义

新型智慧城市是传统产业进行数字化转型升级、实现新旧动能转换的重要途径，它将推进信息技术与传统制造业相结合，优化传统产业结构，增强传统产业创新能力，促进产业向集聚化、高端化、特色化方向发展，培育传统产业竞争新优势（见图2）。

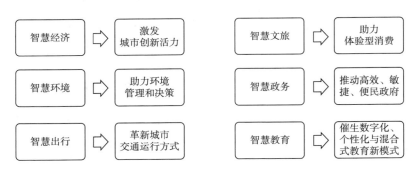

智慧经济	⇒	激发城市创新活力
智慧环境	⇒	助力环境管理和决策
智慧出行	⇒	革新城市交通运行方式

智慧文旅	⇒	助力体验型消费
智慧政务	⇒	推动高效、敏捷、便民政府
智慧教育	⇒	催生数字化、个性化与混合式教育新模式

图2　新型智慧城市带来的经济社会变革

新型智慧城市的建设有助于推动知识技术密集型、投入产出价值高、物资资源消耗少的高端化、绿色化、现代化的新兴产业发展。同时，能扩大新兴产业市场需求，为新兴产业提供广阔的市场空间，进而构建起现代产业发展新体系。

（二）发展策略

1. 坚持以人为本是智慧城市的核心理念

"智慧城市"已经从最初的营销概念发展成为一种支持城市发展的全新理念，在不断的演变过程中，形成了基本共识，即城市的智慧不在于新技术的应用本身，而在于利用新技术提供更好的公共服务。无论智慧城市建设的切入点和着力点是政务服务、社会治理还是智慧产业等，都必须坚持"以人民为中心"的基本出发点和落脚点，注重提升服务功能，支撑人的全面发展，让社会各界感受到智慧城市建设带来的便利，切实提高居民的幸福感和获得感。

2. 协同整合是智慧城市的重要方向

智慧城市的核心技术包括物联网、云平台、大数据、人工智能等，其本质是实现集中统一、开放共享，智慧城市建设正在实现从"条块分割"向"协同整合"的方式转变。借助互联网技术，实现以领域为单元的"大系统整合"，通过跨部门的信息资源共享、业务管理协同、联合政策制定，提高城市运行效率，实现资源高效配置，方便百姓居民生活。重视人的

"智慧"参与，强调技术与人的有机互动、信息化与城市的整体协调，大力提升决策支持能力。

3. 可持续发展是智慧城市的长远目标

智慧城市建设正在推动城市从"以管理为中心"向"以服务为中心"的转变，激励广大居民、企业积极参与城市治理，更好支撑城镇可持续发展。利用先进技术实现集约、绿色和低碳发展，推动经济发展模式和生活方式的可持续发展。注重商业模式的可持续，倡导居民、企业、政府共建共享共赢，调动更多社会资源参与智慧城市的建设运营，汇聚公众智慧，推动社会创新。加快智慧城市建设红利向乡村地区延伸，促进农民增收，实现城乡融合可持续发展。

4. 创新驱动是智慧城市的内在动力

随着智慧城市建设的不断深入，新技术与城市现代化深度融合、迭代演进，城市发展越来越重视发挥创新主体的作用，实现政府、企业、居民共同参与，不断创新体制机制、商业模式和服务方式，提高城市发展质量，营造良性互动环境。未来还要继续发挥智慧城市建设的示范引领作用，实现与周边城市、城镇和乡村的联动发展、统筹发展，在更大范围内构建智慧社会。

四 "智慧海南" 建设案例分析

(一) 战略定位高

围绕海南在国家战略总体布局中的"三区一中心"发展定位，发挥海南改革开放试验田先行先试的政策优势，全面引入新理念、新模式、新机制、新应用，充分运用先进技术和前沿科技，以打造"数字孪生第一省"为主要手段，以国际信息通信开放试验区、精细智能社会治理样板区、国际旅游消费智能体验岛、开放型数字经济创新高地为四大战略定位和发展方向，引领支撑海南自由贸易试验区和自由贸易港实现高标准建设、高质量发展。

(二) 覆盖范围广

打造以国际开放互联、数据高效共享、治理精细智能、服务便捷普惠、实体经济与数字经济有机融合为特征的新型智慧岛。具体建设内容包括城市管理、海关监管、民生服务、旅游消费、经济贸易、产业创新等。

（三）创新力度大

开展新型基础设施和信息服务的试验探索；在全国率先实现 5G 全省低频广域覆盖和异网漫游；联通 21 世纪海上丝绸之路沿线国家的国际通信重要战略支点；打造全国重大科研基础设施和军民融合创新中心；建设国际一流的高性能计算研究与服务中心；探索建设我国首个国际数据中心；开展国家新型互联网交换中心试点；探索创建国家区块链试验区。

（四）政策措施有力

为建设"智慧海南"，海南省政府提出了 10 项重点工程，包括 55 项重点任务、34 个重大工程项目、7 项先行先试改革举措（见表 1）。

表 1　10 项重点工程

序号	项目名称	序号	项目名称
1	5G 和物联网等新型基础设施建设工程	6	数字政府和智能公共服务建设工程
2	国际信息通信服务能力提升工程	7	优势产业数字化转型工程
3	现代化治理和智慧监管建设工程	8	数字新产业做优做强工程
4	立体防控智慧生态治理工程	9	智慧大脑和能力中台建设工程
5	国际旅游消费服务智慧升级工程	10	可持续运营支撑体系工程

（五）工作机制新颖

地方为主体，中央支持，重点任务由国家相关部委和海南省共同作为牵头单位，建立创新应用"揭榜"等多层次工作推进机制，吸纳多元市场主体和社会资本积极参与项目投资和建设。

（六）时间安排紧凑

2021 年底智慧海南架构体系基本确立，关键基础设施和核心平台初步建成。2023 年底智慧海南资源要素体系和机制体制基本完善；国际通信环境基本确立；产业数字化和数字产业化提速。2025 年底智慧海南基本建成，将海南初步打造成为全球自由贸易港智慧标杆。

（七）建设策略明晰

1. 国家层面

国家支持是海南自贸港建设的重要抓手，也是打造数字时代发展样板的重大部署。第一，注重信息技术前瞻布局，高水平建设新型信息基础设施；第二，注重对外开放互联，推动数据要素跨境流动，形成有辐射力的数字开放门户；第三，注重新一代信息技术与社会治理领域的全面深度融合，推动治理能力现代化；第四，注重实体经济与数字经济的融合；第五，注重数字经济和数字治理的制度建设，适应数字时代全球经贸投资规则的调整。

2. 地方层面

"智慧海南"建设是数字化时代海南自贸港"换道超车"的重大机遇。海南将成为我国对外开放的重要数字门户和国内国际双循环相互促进的重要战略支点。其主要特点和发展有以下几个方面：第一，海南是唯一进行全地域全覆盖数字化改革开放试点部署的省份；第二，海南着力提升信息基础设施水平，并促进投资增长；第三，加快提升政府监管、城市管理、社会治理各领域智慧化程度，推动营商环境优化和领先；第四，着力推动产业数字化和数字产业化，培育新的经济增长点，抢抓全球产业链调整机遇；第五，增强海南自贸港门户辐射力，提升海南在双循环相互促进新发展格局中的地位和作用；第六，探索形成中国特色的数字治理、数字经济的制度法律体系。

工作流技术在智能交通中的应用

徐进东　丁维龙　齐明皓*

一　引言

　　智能交通是指信息技术在交通运输行业的创新应用，促进节能减排，使道路交通系统在管理及服务方面实现质的飞跃①。智能交通的业务过程往往需要多方参与者协同配合，然而随着业务过程日益复杂化，统筹协调力度不足等问题逐渐显现。通常交通领域的业务过程可以划分为多个任务，由各个用户角色

　　*　徐进东，北方工业大学信息学院硕士研究生；丁维龙，北方工业大学"毓优人才"特聘教授；齐明皓，北方工业大学信息学院硕士研究生。

　　①　由冰玉、李佳钰、谢雨梅：《我国智慧交通现状及存在问题》，《市政技术》，2022，40（05）：62－66. DOI：10. 19922/j. 1009－7767. 2022. 05. 062。

负责，根据这些任务的数据流转依赖性和计算相关性进行链接就可以构建一个工作流流程。目前，工作流技术已经在商业、科学等场景下发挥重要作用，在智能交通领域中加入工作流技术可以让交通领域业务过程的描述和执行更加规范[①]，并使得业务过程内的多方参与人员更好地协作，提高业务完成效率。

目前智能交通领域中融合工作流技术有一定的局限。一是智能交通业务场景众多，对于智能交通应用规范表述为工作流流程，缺乏较为完善的工作流建模规范以达到流程参与者高效协同的效果。二是智能交通中存在数据来源多、数据规模大、数据处理实时性要求高的特点，且大部分智能交通业务离不开数据的处理，而利用工作流自动化执行业务过程时难以融合数据处理。

针对上述问题，本文提出了智能交通工作流系统架构，架构中融合了 IOT 数据收集、大数据处理、数据代理、集群和系统监控等技术。同时，针对智能交通业务过程进行工作流建模扩展，使工作流技术可以规范描述和执行领域业务过程，达到协同业务流程参与者高效执行业务过程和科学处理

---

① 龙子渊：《云模式下智慧城市工作流管理平台软件体系结构设计》，天津大学，2014。

海量数据的效果。

二　相关工作

（一）智能交通

智能交通属于智慧城市范畴，是基于智能交通系统实现对交通运输体系中各种要素的全面感知、泛在互联、协同运行、高效服务和可持续发展，是集大数据、云计算和物联网等新一代信息技术[①]，再结合人工智能、知识工程等技术形成一定自组织能力、判断能力和创新能力的更加高效、敏捷的交通运输系统[②]。建设智能交通需要处理交通运输的各方面信息和海量环境感知数据，从原始数据中挖掘相关信息，从信息中提取知识、发现规则、提供智能交通管理、控制和服务[③]。智能交通管辖场景有智能公交、智能交通信息、城市综合交通枢纽智

---

① 党安荣、甄茂成、王丹、梁军：《中国新型智慧城市发展进程与趋势》，《科技导报》2018 年第 18 期，第 16 ~ 29 页。

② 伍朝辉、武晓博、王亮：《交通强国背景下智慧交通发展趋势展望》，《交通运输研究》2019 年第 4 期，第 26 ~ 36 页。

③ Zantalis, Fotios, Koulouras, et al. A Review of Machine Learning and IoT in Smart Transportation. Future Internet, 2019, 11 (4): 94 – 94.

能化、智能物流、智能停车等①。随着智能交通技术的全面推进以及大数据、IOT 技术等的发展，智能交通下一阶段技术发展的关键方向将是车路协同、自动驾驶、智能出行等。在实现交通强国建设目标中，大幅度提升智能交通水平是我们面临的重要任务。需要对大数据技术、优化控制技术、车路协同技术、城市交通大脑及感知技术等方面着手进行研究②。

其中，控制与协同在智能交通中扮演着越来越重要的角色，交通中的业务块之间信息传输较少，各自业务的信息往往仅在自身业务内部发挥作用，使得彼此业务块之间协同困难。例如，行车中交通信号系统的信息无法实时传递给车辆，使得车辆到达十字路口时智能导航系统无法判断可否通行③。如果能够实现车辆与交通信号系统的协同，这一问题即可迎刃而解。同样，随着智能交通数据规模不断增大，数据处理过程步

---

① 杨靖、张祖伟、姚道远，等：《新型智慧城市全面感知体系》，《物联网学报》2018 年第 3 期，第 91～97 页。

② 陆化普：《智能交通系统主要技术的发展》，《科技导报》2019 年第 6 期，第 27～35 页。

③ 郑洪江、王会鲜、原树宁：《适用于车路协同的智能交通运行系统及方法》，CN106920412A. 2017。

骤复杂且实时性要求不断提高①，有些过程需要多次执行，这样会产生很大的业务量。如果数据处理过程中可以实现自动执行并复用，将可以解决这一问题②。

（二）工作流

工作流是一种可以完全或部分自动执行的业务流程，并且基于一套流程法则，将信息、任务在不同的角色参与者之间传递与执行③。一个工作流流程是一组相互协作的任务集合④，每个任务用于全部或部分执行自动化的流程，任务的执行者可以是人、设备或者程序；任务的内容就是当前业务场景和当前逻辑顺序下需要完成的事情。工作流建模与定义需要抽象出一

---

① Babar M，Arif F. Real - time data processing scheme using big data analytics in internet of things based smart transportation environment. Journal of Ambient Intelligence and Humanized Computing，2018，10（1）.

② 王嘉祺：《基于星环大数据平台的工作流管理系统的设计与实现》，南京大学，2019。

③ 吕博文、杨怀洲：《工作流技术综述》，《智能计算机与应用》，2018 年第 1 期，第 159 ~ 161 页。

④ Meyer，S.，Ruppen，A.，Magerkurth，C.：Internet of Things - aware process modeling：integrating IoT devices as business process resources. In：Salinesi，C.，Nome，M. C.，Pastor，6.（eds.）CAiSE 2013. LNCS，vol. 7908，pp. 84 - 98. Springer，Heidelberg（2013）. https：//doi. org/10. 1007/978 - 3 - 642 - 38709 - 8_6.

个过程的本质特征，并将其改变为由工作流解释和执行的形式①。工作流建模与定义是工作流管理系统的基础，它的性能决定了工作流应用的范围和工作流管理系统的适应能力②。大部分智能交通的业务应用都可以被描述为一个工作流流程，能规范地实施和多次复用。工作流执行引擎将工作流建模解析和落实到任务上去执行，并对整个流程和每个任务进行控制与管理。

　　工作流技术大面积的在协同办公、业务管理和集成应用等方面使用。工作流可以应用于大数据分析与处理，可以将数据处理任务按照逻辑关系连接在一起，按序执行③，达到自动化执行的效果。工作流技术也可以管理和控制 IOT 设备，进行业务过程的执行④。目前工作流建模方法主要有 EPC、Petri – net、BPMN、YAWL、XPDL 等⑤，其中 BPMN 在业务流程规范管理中受众最广，本文后续会采取拓展 BPMN 建模规范的方式来描

---

① 孙小雅：《科学工作流建模方法研究》，吉林大学，2019。

② 陈帆：《基于扩展 Petri 网的云工作流建模研究》，安徽大学，2015。

③ 汪明军：《多数据中心环境中数据密集型科学工作流的执行优化研究》，东南大学，2015。

④ Yousfi A，Bauer C，Saidi R，et al. uBPMN：A BPMN extension for modeling ubiquitous business processes. Information & Software Technology，2016，74（jun.）：55 – 68.

⑤ 陈广智、潘嵘、李磊：《工作流建模技术综述及其研究趋势》，计算机科学，2014 年第 S1 期，第 8 页。

述智能交通业务。

三　智能交通工作流系统架构

（一）工作流系统架构

智能交通工作流系统，分为智能交通应用、工作流系统、数据传输与集成、数据处理、监控和数据源（见图1）。本文将逐层讲解各部分的功能和结构。

1. 数据源

这一层次中需要应用物联网技术获取现实生活中的信息数据，数据来源包括 RFID（射频识别技术）、WSN（无线传感器网络）与 M2M（数据算法模型）等。RFID 是嵌入式通信范式的重大突破，它使无线数据通信芯片的设计成为可能，其可以像电子条码一样自动识别附着在上面的任何东西，并从中感知信息。WSN 是包括分布式信息采集、信息传输和信息处理在内的信息网络系统，其以数据为中心网络，旨在有效地感知、获取和传输由 WSN 节点感知到的数据。WSN 包含丰富的节点，由传感器接口、处理单元、收发单元和电源组成。无线传感器

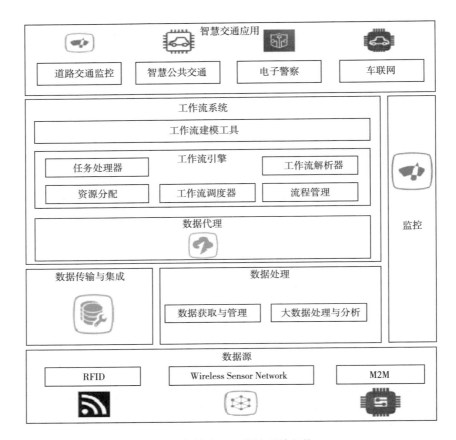

图1 智能交通工作流系统架构

网络的功能是数据采集和对采集到的数据进行处理以及将数据传输到汇聚节点。M2M 应用系统的构成有智能化机器、M2M 硬件、通信网络、中间件，涵盖了实现在人、机器、系统之间建立通信连接的所有技术和手段。

数据源是为工作流系统收集数据的关键，数据源获取数据的准确性和速率，将进一步影响工作流流程执行的效率和规范性。

2. 数据处理、数据传输与集成

数据处理模块主要包含数据获取与管理以及大数据处理与分析两大模块。数据获取与管理模块主要涉及数据采集、数据记录、数据管理。数据采集功能由不同的数据采集系统来完成，这些系统将数据由模拟形式转换为数字形式，该功能由智能交通或工作流任务控制中心控制，其控制数据采集模块从需要的数据源上获取数据；数据记录模块主要是对数据采集模块收集到的数据进行记录与持久化；数据管理模块对不同来源的记录数据进行整合，存放到合适的存储位置，并能够进行一些数据的预处理操作，为后续大数据处理与分析做准备。

大数据处理与分析模块是工作流内大数据集的实际处理功能模块，主要构成如图 2 所示。在数据处理非常准确且对时效性要求不高的场景下，数据处理分析使用的是 MapReduce 编程机制，除了 HDFS，还可以使用 SQL 假设、HBASE 和 HIVE 来管理数据库（离线或内存）存储历史信息。而在智能交通领域，还需要对实时数据进行处理分析，因此我们联合使用 Apache Spark 与 Hadoop 生态系统。Apache Spark 是一个广泛用于数据处理的通用引擎，是一个开源的分布式处理系统，通常用于大数据工作负载，利用内存缓存和优化执行实现快速性能。

Hadoop生态与 Apache Spark

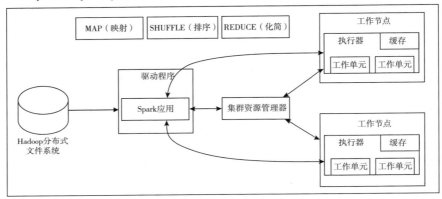

图 2　大数据处理与分析

数据传输与集成组件确保从系统内一个层到另一个层的数据输出是上下文相关且语法正确，其可以控制层与层之间的数据流，并将系统的各个模块连接为一个整体。

3. 工作流系统

工作流模块是整个系统的核心，主要由工作流建模工具模块、工作流引擎模块、数据代理模块构成。工作流建模工具模块需要抽象出一个业务过程的本质特征，并将其改变为由工作流解释和执行的形式。一个业务过程建模后被设计为 XML 文件，传送到工作流引擎解析并执行。工作流建模与定义是工作流管理系统的基础，其性能决定了工作流所能应用的范围和工作流管理系统的适应能力。下文中介绍的面向智能交通领域的 BPMN 扩展建模方法，可以较为全面的概括智能交通场景下的业务过程，并且可以根据业务过程的需要灵活扩展。

工作流引擎内部主要包括工作流解析、任务处理、工作流调度、资源分配和流程管理。工作流流程建模后被设计为 XML 文件，工作流解析器需要将工作流流程解析为多个任务、事件、工作流依赖，然后交由任务处理器，根据不同的任务需要，调用不同的资源。例如，一个数据处理分析任务可能需要应用大数据技术中的 MapReduce、Spark 等数据处理框架；工作流调度器根据优化目标做出合理的决策并发送给调度员；资源分配组件根据调度决策，通过与中间件协调，找到合适的资源来执行工作流任务；工作流流程管理模块管理工作流系统内所有流程的进度与突发状况，对流程实时监听，保障流程的正常运行。

在工作流引擎和数据层中间加入数据代理层，通过加入代理节点来代理数据，处理节点，代理则由工作流引擎控制。这样做的好处是数据代理层是独立的，其部署可以不干扰其他服务，并且在后续其他部分架构调整时，不需要做出过多改变。

工作流引擎只需将数据处理模块需要处理的任务分发给中间代理层，而不需要管理具体执行过程和执行结果，减少了工作流引擎的工作量。

4. 监控

工作流系统部署在云服务器上运行，数据规模大、稳定性要求高，因此必须对工作流系统的各模块及服务器节点进行监控，来保证工作流的平稳运行、快速响应和服务器节点的高可用性以及负载均衡。

5. 智能交通应用

本文将智能交通场景下的各种业务过程通过工作流建模工具定义为工作流流程，这样可以保障业务过程的执行更加规范和高效，并且具有可复用性，即再次执行同样的业务只需要重新发起一个流程实例。其应用包含道路交通监控、智慧公交、电子警察、车联网等，具体可以细化为交通规划和管理、电子收费、出行者信息审核、紧急事件与安全、综合运输、自动公路等。可以将智能交通中的各种业务过程应用工作流建模工具表示为规范的工作流流程。

（二）面向智能交通领域的 BPMN 扩展建模方法

本文采用面向智能交通领域的 BPMN 扩展建模方法描述智能交通场景下的业务过程。智能交通领域各业务过程离不开数据的支撑，大多数与数据相关的业务过程可以归结为通过物联网设备进行数据感知、各类数据归纳、大数据处理分析，另外交通业务中位置信息和应急事件处理也是必不可少的一部分。因此，本文在此简单列举了 5 个拓展任务：传感器感知任务、数据收集任务、数据处理任务、定位任务和警报任务。

1. 传感器感知任务

传感器感知任务是使用某种传感器在特定环境中收集特定信息的任务。例如在智能交通场景中，可以利用道路上的传感器来收集单位时间内通过的车流量，或者记录过往车辆的信息。

2. 数据收集任务

将传感器传递的数据进行收集，或者从已有数据集中抽取需要的数据并存储到指定位置，这些数据可以是车辆信息、车流量信息、历史道路信息等。例如，可以通过收集公交车每天的人流量数据，来判断哪些路段用车需求量更大，据此可以适当增派车辆。

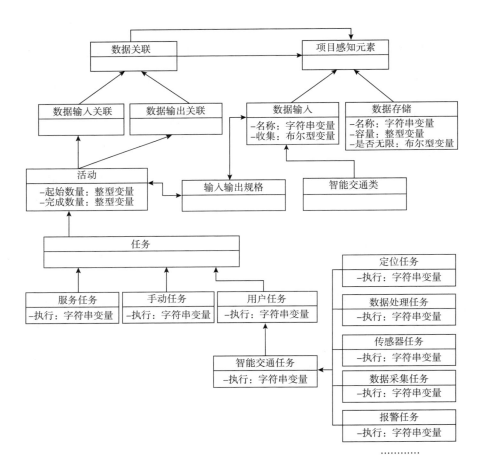

图3 面向智能交通领域的 BPMN 扩展建模规范的 UML 类图

3. 数据处理任务

对已有数据集进行分析处理，在该任务中可能需要一定的数据处理程序，如大数据技术中的 MapReduce、Spark 等。比如某天城市车辆限行尾号为 3 和 8，那么需要在当天所有上路车辆中筛选尾号为 3 和 8 的车辆，这一步可以应用一个 MapReduce 数据处理程序轻松完成。

4. 定位任务

定位任务是利用手机、车辆内仪器等装置进行定位，获取位置信息。如果一个流程参与者需要打一辆出租车，那么在利用感知任务感知到参与者的位置后，位置会被发送到出租车公司的系统，以方便就近分配合适的出租车。

5. 警报任务

当出现应急事件时，就需要将紧急警报或者预警发送到某些机构和个人。警报任务可以通过电话、短信、邮件等方式对被通知者进行通知。例如，一辆救护车即将通过一段拥堵路段，交警支队可以发出警报任务，出动临近交警车辆护送救护车通过拥堵路段，并通知过往车辆注意安全避让。

面向智能交通领域的建模规范并不仅仅局限于以上 5 种任务，也可以根据工作流系统使用者和业务流程的需求灵活扩展。在下一节中将介绍使用该建模规范实现智能交通领域的业务过程建模和应用。

四 应用实例

（一）道路拥堵实时预测

本节以道路拥堵实施预测工作流为例。道路拥堵实时预测业务过程首先需要收集局部道路的车流量、是否出现事故等信息，根据收集到的数据按照已有数据处理方案和预测计算模型进行预测，计算出预测结果后将可能发生拥堵的道路位置和概率发送给交警部门和过路车辆进行提前预警，业务过程建模如图 4 所示。

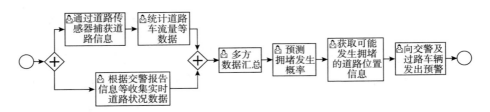

图 4 道路拥堵实时预测建模

在流程执行阶段，需要应用到工作流系统中其他技术资源和处理模块（见图 5）。具体流程为，首先需要通过传感器任务来收集某一路段在一段时间内的车流量，在该任务中需要应用到系统中的数据收集框架，通过远程连接 IOT 设备等数据源来获取数据，同时通过一个人工任务收集在目前该路段的实时车辆信息，之后应用数据收集任务，对多方信息进行整合，存储到关系型数据库，或应用大数据技术存储到 HDFS 中，为后续的数据处理任务准备好数据集，在这一步需要应用到数据存储。数据存储完毕后，使用一个数据处理任务，根据上述收集到的数据集进行数据分析和处理，在该任务中需要调用数据处理框架，并使用大数据中的 MapReduce、Spark 等数据处理技术和预测模型。该任务会将数据集、分析程序、参数配置等发送到数据处理框架，并接收数据处理结果和反馈。接着根据预测结果使用定位任务对可能发生拥堵的位置进行位置信息获取，并通过警报任务将该位置和发生拥堵的概率发送给交警和过往车辆，使其可以提前收到预警信息和主动更换路线，以减小交通拥堵发生的概率。

图 6 是图 4 工作流流程开始执行后的视图，图中不同的任务颜色代表任务处在不同的执行阶段，从系统中可以实时查看流程整体执行情况和任务执行情况。

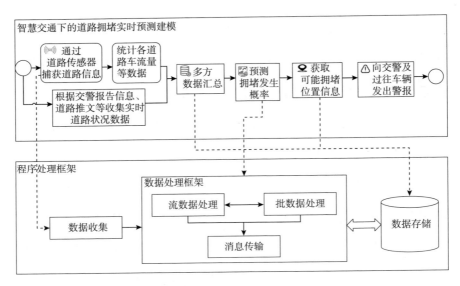

图 5　道路拥堵实施预测建模与资源映射

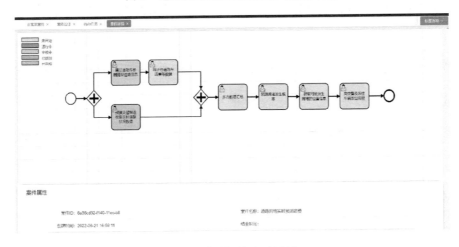

图 6　道路拥堵实时预测

在工作流系统中，可以根据不同业务过程构建对应的工作流流程，并对不同的工作流流程进行管理。将智能交通下的业务过程用工作流的形式组织和执行，可以清楚地查看总体业务过程内容和进展程度，减少人际沟通的时间消耗。流程内任务直接由工作流控制，任务承担者只需做好分配给自己的任务，并不需要了解整个业务过程，增强了业务执行的协同性。曾经需要技术人员人工来完成的工作如数据存储、数据处理等目前只需要工作流技术来自动完成，提高了工作流执行效率、自动化程度，拓宽了业务受众面。

图7　智能交通工作流管理

（二）智能停车应用

本节介绍在智能交通领域内面向用户的工作流流程，图 8 是车主在停车场停车的业务过程。整个流程是以停车车主的角度建模的，停车场使用超声波传感器来检查停车场是否有空余车位，车主可以通过移动应用程序或智能广告牌检查是否有停车位；车主进入停车场，这是一个传感器任务，停车场管理者通过传感器感应到车辆进入停车场，并开始计费；之后也是一个传感器任务，车主找到车位并停车，传感器记录当前车位信息和车辆信息，为后续用户查找车位做铺垫；车主返回停车场可通过小程序查看停车位置，车主线上交费并离开。

图 8　停车应用工作流

车主感知不到工作流流程的存在，但是停车场管理者，可以通过流程进度查看每个车辆的停车状况和对应信息，以便在需要时为车主提供服务。这样一个流程，建模完成之后可以无限次复用，每当车辆进入停车场，收集到车辆信息后，一个与该车相关的流程就会自动开始执行，即可为每一位车主提供到位的服务和停车过程的监控。

如图 9 所示，在智能交通领域中使用工作流技术，可以将各种业务场景规范地描述，并且可以实时查看业务进度，为每一位智能交通下的用户提供服务和保障。工作流流程的可复用

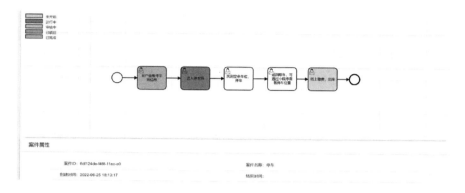

图 9　正进行的停车流程

性，可以有效降低业务过程管理成本。

　　当多个工作流流程开始在工作流系统内执行时，就需要依靠监控模块来保证工作流系统稳定运行。监控模块主要关注服务器集群环境的各类软硬件参数，例如 QPS、接口请求耗时、节点 CPU、网络、磁盘、内存、交换分区等，并且需要对集群中的任何计算资源进行监控设置，并会对系统故障（断点、处理器损坏、磁盘失效、死机等各种情况）进行报警处理。保证服务器节点的高可用性以及负载均衡，以可视化视图的方式实现对工作流系统所在服务器资源的实时监控。

五　总结

　　智能交通领域，业务过程复杂、数据规模大，如何将工作流技术应用于领域业务过程以提高协同效率、处理各种数据是本文拟解决的问题。本文提出了智能交通工作流架构，融合了IOT、大数据处理、数据代理、集群和系统监控等技术，并针对智能交通业务过程进行工作流建模扩展。文中以两个应用为例，展示了工作流技术如何将领域业务过程规范描述和执行的情况，达到了高效协同和科学处理海量数据的效果。随着科学技术的发展，工作流技术带来的协同性和科学管理性会越发重要，将为智能交通的建设贡献更大力量。

中国卫星应用产业协会与卫星应用产业分析

王 平*

尊敬的各位领导、各位来宾，下午好！非常感谢大会的主办方邀请中国卫星应用产业协会参与此次论坛。论坛前半场我们听了很多领导和技术型专家从不同角度阐述的报告，我们作为卫星领域的工作者深受启发。下面我从卫星应用产业的角度来跟大家分享一下我们国家的卫星应用现状，以及中国卫星应用产业协会在这些方面所做的一些工作，这是信息化非常重要的一个组成部分。

一 中国卫星协会的基本情况

中国卫星应用产业协会是我们国家唯一在卫星应用领域实

---

* 王平，中国卫星应用产业协会常务副会长。

行军民融合的单位，卫星在世界范围内都是军管民用，这和别的领域不太一样。我国为解决全国人民看电视的问题，于1992年发射了第一颗商业卫星——亚洲卫星。1993年成立了中国卫星应用产业协会，该协会是唯一代表中国加入国际电信联盟（ITU）成员的NGO，目前其骨干单位包括电信运营商和主要的军工单位。中国卫星应用产业协会主要有四个任务。第一，与我国卫星空间轨道频率使用相关的软课题，一些行业应用的解决方案都由该协会制定。第二，中国卫星和别的协会有所不同，进入"十三五"以后，国家启动了"十三五"重大专项——中国卫星应用服务平台，这是中国卫星民用的一个门户，被单独授予了电信业务经营许可证。中国卫星应用产业协会通过组织民用各行业的应用，来推动我国卫星应用产业集群的发展。第三，中国卫星应用产业协会制定卫星应用产业的行业标准和网络运营服务规范。第四，中国卫星应用产业协会每年都承办联合国国际电信联盟（ICT）大会，该大会在国际上具有非常大的影响力，每年在全世界巡回展出。中国卫星应用产业协会是唯一代表中国NGO使用"一带一路"卫星应用与国际经贸主题的单位。

为了解决我们国家卫星应用产业军民融合问题，中国卫星应用产业协会单独设立了中国卫星应用解决方案服务中心。该中心从事的工作只限于中国卫星协会的成员单位，因为一是卫星涉密，二是严格涉及到电信业务经营许可，国家对运营商有很多规定。应用解决方案服务中心的一个重要工作领域是有关卫星行业和产业卫星互联网的解决方案，即根据行业卫星应用解决方案的需求，部署卫星应用的终端和成套装备产业集群，同时组织推广天地一体化卫星互联网运营服务网络。为了使我国的卫星应用产业成为国民经济重要的组成部分，中国卫星应用产业协会建立了开放式的联合实验室，总部在北京，面向全球开放应用资源、项目资源和合作资源。智慧城市一定会涉及卫星应用领域，如果需要都可以通过相应的管理方法和对接条件进入开放式的联合实验室。在国际合作方面，中国卫星应用产业协会每年在"一带一路"空间信息走廊这个领域推动我国卫星应用在国际上的发展。

二　新基建——卫星互联网

回到今天的主题，大家都在讲新基建，2020 年 4 月 20 日国家发改委第一次把卫星应用互联网纳入新基建，这是前所未有的。所有的产业政策，包括各省市、各行业都向卫星应用和信息安全领域重点倾斜。卫星互联网是保障国家信息安全的重要基础设施，天地一体化信息网络是国家信息化的发展方向，是"十三五"的重点方向。中国卫星应用产业协会是应用的牵头单位，卫星互联网在"十二五"立项时叫天地一体化信息网络，更通俗一些即称为卫星互联网。我国"十四五"时期将强力推进国家信息化建设中天地一体化信息网络的建设。根据"十四五"部署的国家信息化发展规划，卫星应用终端的市场需求将进入高速增长期，为各地区，特别是地市级单位的产业集群部署和经济转型带来了非常大的发展空间和机遇。

　　关于新基建中的卫星互联网，我从几个重点来讲。一是卫星互联网正从地面有线网、移动通信网向天地一体化信息网络升级。当前很少有人研究移动通信网，何谈信息安全，我们呼吁搞技术的同志，特别是搞规划的同志，一定要把信息安全、网络安全放在核心位置，在保证信息安全、网络安全的基础上，考虑各自领域里的应用。我们使用的叫作消费互联网，我国产业互联网技术水平还比较低。大家耳熟能详的5G，所谓的5G高带宽、低延迟只是表面现象，核心问题是补上我国改革开放以来，到今天为止40多年没有完整的产业互联网这个短板，这对国家的长治久安至关重要。从这个角度看，卫星互联网产业特别是天地一体化需要大力推进消费互联网向产业互联网升级。

要改善我国的网络安全与信息安全，应从可管不可控向可管可控可靠升级。我很认真地聆听了前半场有关专家的报告，与会专家有讲技术革新的，有讲宏观战略的，没有一位专家谈到网络安全，信息化不谈安全信息化就是空中楼阁。所以，我们呼吁各位专家、各地政府以及各个部门一定要高度重视网络安全和信息安全。针对目前的状况，我们采取了各种保障信息安全的措施，借助国家出台的法律法规去管理，但是由于消费互联网上信息安全的漏洞，导致我们只能被动去控，无法主动去控，这是个非常大的问题。

近年来我国信息化系统装备和终端产品的产能很大，但基本上都是简单的加工组装，要致力于国家经济建设质量升级，需要从加工组装向设计制造升级。工信部十年前就提出设计制造的概念，其真正的含义是要给我国的经济发展带来实质的动力，而不再是美国人封一个软件就把我们的芯片卡了，封一个开发平台就把我们军工仿真卡了。刚才一位专家谈到我们用的很多软件都是外国人开发的，一旦平台被封，城市信息化等一切都将归零，从这个角度来说，我国信息化系统装备和终端产品生产一定要从加工组装向设计制造升级。近年来，国家大力推动"一带一路"合作，增强了我国的国际影响力，我国的网络覆盖从国内服务向"一带一路"国际化服务升级。这是卫星互联网重点发展方向，同时国家在 2013～2020 年发布了一系列重要政策法规。

三 卫星应用产业的基本情况

目前，我国卫星应用产业的整体水平不高、综合产能规模不大，与国家把卫星应用纳入国家战略性新兴产业的发展规划和距离国际先进水平还有比较大的差距，其中存在历史原因。大家通过电视新闻报道经常看到我们国家大量卫星发射成功，目前我国的卫星空间数量全球排名第二。但我们的地面应用弱的情况客观存在，应用终端产品的技术、种类和产能远远滞后于市场需求，这给各位企业家、各地政府部署卫星产业带来巨大的发展机会。

通信分成三类，即通信广播终端、导航定位终端以及遥感测绘气象终端。通信广播方面，我们国家有非常成熟的广播电视服务系统，用了为数不多的卫星解决了中国老百姓看电视的问题，靠的是什么？靠的就是广播电视卫星的接收终端。我们从一无所有，完全依靠美国与日本，到今天完全掌控了广播电视卫星接收终端从芯片到制造的技术，实现了质的飞跃。目前，我国完全实现了广播电视卫星接收终端的自主设计，并且其产能与出口量均居世界首位。在这些方面，世界其他国家和地区都在向中国学习，所以美国人打压不了我们的广播电视卫星接收终端。可是通信终端就不行了，这方面我们的实力还非常弱，这也是大家要高度重视的，这一产业有着巨大发展空间。

我们以举国之力，用了十几年的时间，把北斗卫星一轮、两轮、三轮发射升空，2020年根据对国际电联的承诺完成了组网。现在到处都是与北斗导航相关的企业，但我们还没有国际先进的卫星导航产品，产品性价比低，民用产品要讲性价比，我们的导航终端产品装备的质量距离我们经济建设发展需求的差距非常大。同样，我们还要思考怎样把卫星导航用在我国的经济建设上，用在信息化城市的建设上，而不仅仅是大家理解的北斗导航就是弄个手机、弄个地图、找个饭馆、找个餐厅等。导航卫星是信息化的核心，是信息化的神经，是信息化建设的基础。刚才有两三位同志讲到智慧城市建设中的智能交通、无人驾驶，如果导航卫星在我们国家没有大规模的普及，只是在有些城市试行，这个风险非常大。现在我国所有无人驾驶的导航系统靠的都是美国GPS，按照现在日益复杂的国际环境，我们发展无人驾驶产业的体量越大，对美国GPS的依赖度就越高，大家要高度重视这个事情。至于我国的气象测绘遥感，其正处于从公益应用向商业服务转型的初级阶段，这里就不展开论述了。

再举个例子，这是非常典型的卫星应用场景，比如一套小设备用在加油站，办公、网络、车辆监管与金融结算全部解决，这是在哪儿？这种应用场景不在中国，而是在我们援建的非洲，当然技术不是来自中国。我国在应用上，特别是信息化建设方面任重道远，要解决信息化从量到质的升级。

四　中国卫星应用产业的重点发展方向

2017 年工信部组织建设卫星拓展应用平台，将中国卫星应用服务平台设在中国卫星应用产业协会，我们开始建设卫星 + 信息安全 + 5G 宽带天地一体化的卫星互联网，要解决的问题主要有以下几个方面。

一是政务之间互联互通的问题，包括电子政务、公检法司、工商税务、综合治理等。刚才几位同志谈到我们国家信息化建设搞了这么多年，信息孤岛、信息烟囱、信息互联网的数字鸿沟、信息能看不能用等现象普遍存在。如果这些问题不解决，智慧城市就是一句空话，政务信息不通，政府服务社会的指挥棒就不灵。在经济方面，我们国家高新区、经开区、综试区、保税区等各种区都各自拥有一套信息化系统，各自为政，各有各的管理，各有各的目标，信息上根本无法互联互通。在座有不少的企业家，企业家做生意不管经开区、高新区、保税区这些，他要的是企业经济的发展、产品销售和产品服务。所以要从这些角度上，从卫星互联网的应用去解决问题。在市场需求方面，包括制造企业的研发制造和产业联通、社会服务联通、城乡共享联通和国内国际联通。

二是加紧布局建设卫星应用信息安全基础设施，培育通信、导航、遥感卫星用户终端产业集群，解决未来国家提升发展质量伴随而来的巨大需求，同时我们要运营行业和产业卫星互联网的市场服务。全国各地我们都在部署，国际上我们有国际的广播站，叫"一带一路"空间信息走廊，是我们国家天地一体化网络中的重大专项。例如正在组织实施的四川成都的项目，通过建设一个省会城市卫星站的控制系统，我们称为城市关口站，来解决卫星信号的城市覆盖、用户覆盖以及行业互联；同时通过一个省的省会城市，通过我们的主站、中心主站、国际主站和国内各城市的主站，实现互联互通。

我国需要在四个专项领域把基础设施建起来，一是卫星多媒体通信组网服务，二是多媒体卫星广播组网，三是信息安全组网，四是分布式安全数据仓库组网。

　　由于时间关系，我重点讲一下后面两个，即第三和第四个，特别是要讲第四个——分布式安全数据仓库组网。

　　随着新基建战略的不断推进，我们发现全国各地都在高喊大数据，要建信息中心、要建数据中心、要建机房。各个城市做了大量的规划，各个企业非常踊跃，但是这件事情一定要慎重。我们国家的机房已经太多，闲置资源浪费太严重，国家新基建不是让大家都搞新机房，关键是要实现我国网络信息安全可控，不受外国人牵制。信息化是用来服务经济建设，服务生产发展的。新基建不是鼓励大家盲目地去要指标、要地、盖无数个机房，真正解决我们国家信息化建设提升质量的问题，这是核心，这是关键。所以从这些角度上，我们这么大的国家，信息化受控于人，这是多么恐怖的事情。我们用国外的软件，算更多的数，左手算，右手全部送给了国外，送给了谁？是美国。我们现在接触最多的是消费互联网的网络购物，互联网的母根服务器全被国外控制，所以我们政府拿不到数据。人民网的同志刚才讲得非常对，我们政府需要数据时找企业要，企业说这是他们的商业机密。

　　新基建一定要明确要解决的根本问题在哪里，我们呼吁大家一定要想清楚，发展卫星互联网的目的是服务于各个行业，举几个例子。一个是我们用的远程教育，在每一个校园，我们都增加了校园的 5G、卫星和信息安全，把校园的信息化从校园信息无政府主义、可管不可控，通过信息化实现了更好地帮助学生了解社会，为走向社会做好前期各种技能的准备。

在电子政务上，在我国当前"一带一路"国际电子商务领域，特别是在新冠肺炎疫情期间，各国政府对利用信息网络做电子贸易非常重视。在我们国家，国务院批准设立 105 个跨境电商综合试验区，设立这 105 个电商综合试验区干什么？各个综合试验区都在研究怎样利用国家的政策扩大进出口，但是这一点绝不是简单的减免税费，而是要解决我国产品的诚信问题。现在社会上流行的网络购物，仅仅是电子商务的初级阶段，大量的制造企业急需产业互联网。我们国家亟待营造完善的产业互联网环境，这方面差距很大，特别是在电子商务的法律互认、知识产权保护、产品溯源认证、贸易便捷服务以及利用信息化帮助企业做好商务的关键环节，我们国家差得距离相当远。这就是国际名牌、国际大牌的产品，不愿意通过中国的网络购物平台把产品直销中国的原因。我国在全国各地建立了105 个跨境电商综试区，国务院此举正是要解决这个问题。所以说网络购物并不等于电子商务，希望在座的政府和企业工作人员高度重视这个问题。国家新基建包括这方面的重要内容，即提升我国服务贸易的质量，提升中国国际信用。我们 2021

年在联合国布达佩斯跨境电商 4 个国际海外仓，参加了"一带一路"空间信息走廊启动的签约仪式。国内 105 个跨境电商综试区均建立了信息直通车、信息安全广播站，利用布达佩斯广播站，利用香港、澳门等连接国内各个城市。我们在 600 多个城市都会围绕 105 个跨境电商综试区，把企业的信息和进口与出口的信息连接起来。

在刚刚结束的北京国际服贸会上，中国卫星应用产业协会和欧洲企业联合会，将 35 万家的欧洲产品直销中国，建立了跨境电商服务贸易直通车。这一点和各个城市都有关系，解决国际法律互认问题、知识产权保护问题以及核心商品产地溯源的问题。从行业组织的角度，欧洲企业联合会有 35 万家会员企业，中国卫星应用产业协会、国家卫星应用服务平台面向全国 30 几个省、区、市，105 个跨境电商综试区内的制造企业、服务贸易企业，为大家搭一个平台，让大家依法依规进行产品的进口以及中国制造品的出口。同时我们动用了国力，为这些企业的二维码加了密码密钥，并加了电子签名，这不是哪个公司有钱就可以随便做的，是国家严管严控的。我们动用的电子密钥，做的电子标识，早在 30 年前就在美洲流行了，今天即便是大牌的网购公司都没有资格使用。一旦使用到电子密钥，网购就不会买到假货。随着我国经济发展质量的提高以及国家国际影响力的提升，老百姓选择附有电子标识的产品是自由的。

我们还通过社区商业应用信息化，推动社区互联网的应用，通过各类的金融社区，组织金融服务支持卫星互联网产业的发展。我们还有产业发展基金，结合各地纳入产融合作的试验项目，推进卫星互联网的应用。政府一定要培育中国卫星应用产业集群，要以信息安全、网络安全为核心发展卫星互联网产业。卫星互联网可以任意通达网络不通畅的城市和乡村服务，天地一体化卫星互联网使用成本更低。要培育更多的国内和国际企业聚焦卫星应用产业集群，让更多中国企业拓展"一带一路"的国际科技和经贸合作。

数字孪生城市的信息技术和信息平台

胡涵清[*]

数字城市是指利用空间信息构筑虚拟平台，将包括城市自然资源、社会资源、基础设施、人文、经济等有关城市信息，以数字形式获取并加载上去，从而为政府和社会各方面提供广泛的服务。数字城市能实现对城市信息的综合分析和有效利用，通过先进的信息化手段支撑城市的规划、建设、运营、管理及应急，能有效提升政府管理和服务水平，提高城市管理效率、节约资源，促进城市可持续发展。

以计算机技术、多媒体技术和大规模存储技术为基础，以宽带网络为纽带，运用遥感、全球定位系统、地理信息系统、工程测量、仿真—虚拟等技术，对城市进行多分辨率、多尺

---

* 胡涵清，北京信息科技大学数据治理研究中心主任，研究员、高级工程师。

度、多时空和多种类的三维描述，即利用信息技术手段把城市的过去、现在和未来的全部内容在网络上进行数字化虚拟并实现。

现在"数字城市"仍是一个概念，它是"数字地球"的一个组成部分，可以看作是一个系统工程或发展战略，但不能看作是一个项目或一个系统。它可能包括了很多系统，但是很难对它下一个确切的定义，也难以界定哪些是属于数字城市的内容，到了什么样的信息化水平可以看作是实现了数字城市。实现"数字城市"的难点在于不管是数据采集还是数据共享都非常困难。首先是业务多样，比如政府数字化，还有民生和各大产业；其次是技术比较复杂，现在的前沿技术基本是两年一个亮点，三年一个更新，从云计算、大数据到区块链等技术变革非常快，导致很多平台持续更新迭代速度加快，由此带来数字城市建设的复杂性和长期性（见图1）。

数字城市并不是一个虚拟的东西，也不是一个可望而不可即的东西，它是一个在未来城市建设和城市生活中随处可见、随时可用、无处不在的"系统"。数字城市是一个城市发展的战略目标，并有一个逐渐发展的过程，而且在发展过程中将会对城市建设、市民生活、经济发展逐渐带来效益和方便。

图1　现代化数字城市建设的复杂性和长期性

　　随着时代的发展，数字城市又发展成为现代数字城市。现代数字城市，是以新时代城市现代化建设作为对象，贯彻落实数字中国总体战略，以安全可控筑牢发展基石，以需求牵引明确重点方向，以迭代发展支撑长效运营。充分发挥数据的基础资源和创新引擎作用，全面重塑和提升经济、政治、文化、社会、生态等领域能力体系和发展水平，实现以信息化驱动引领城市现代化发展的新路径和新模式。

　　通过现代数字城市建设，可以全面提升城市信息化发展水平，更有力助推城市治理现代化，进而服务国家治理体系和治理能力现代化的重大战略。现代数字城市将为城市打造：第一，协同高效的数字政府，全面推进"一网通办""一网统管"，促进业务流程再造，建设服务型政府，让城市实现更高效能；第二，融合创新的数字经济，以产业数字化和数字产业化为方向，培育现代数字产业园区，让城市更具活力；第三，安全先进的数字基建，建设以云平台为支撑的高安全基础设施，推动传统基础设施数字化升级，让城市具有更强韧性；第四，普惠便捷的数字社会，将市民满意度作为导向，以数字化重塑医疗、教育、养老、社保等民生服务体系，让城市更有温度。

国家"十四五"规划纲要在"加快数字化发展，建设数字中国"篇章中，提出要"激活数据要素潜能，推进网络强国建设，加快建设数字经济、数字社会、数字政府，以数字化转型整体驱动生产方式、生活方式和治理方式变革"；在"完善新型城镇化战略提升城镇化发展质量"篇章中，提出要提升城市智慧化水平，推行城市楼宇、公共空间、地下管网等"一张图"数字化管理和城市运行"一网统管"。在"十四五"规划数字中国、新型城镇化国家战略的指引下，我国智慧城市建设正迎来新一轮的提速期。

自 2008 年智慧城市概念兴起以来，我国智慧城市的发展经历了探索期、调整期、突破期和融合期等阶段，智慧城市的服务对象、服务内容越来越广泛。然而，随着智慧城市建设的不断深入，数据繁冗和数据孤岛成为智慧城市建设所面临的问题。未来智慧城市建设将以推动政务信息系统整合分享，打破信息孤岛和数据分割为重点，推进政务服务"一网通办"，推进城市运行"一网统管"，建设新型智慧城市。

智慧城市经常与数字城市、感知城市、无线城市、智能城市、生态城市、低碳城市等区域发展概念相交叉，甚至与电子政务、智能交通、智能电网等行业信息化概念发生混杂。对智慧城市概念的解读往往各有侧重，有的观点认为关键在于技术应用，有的观点认为关键在于网络建设，有的观点认为关键在于人的参与，有的观点认为关键在于智慧效果，一些城市信息化建设的先行城市则强调以人为本和可持续创新。总之，智慧不仅仅是智能，智慧城市绝不仅仅是智能城市的另外一个说法，或者说是信息技术的智能化应用，还包括人的智慧参与、以人为本以及可持续发展等内涵。

传统的智慧城市体系建设如图 2 所示，传统的底层是数据采集，包括智能物联感知体系、感知传感器和通信技术；第二层是智慧城市大脑，从数据中台和业务中台来看构成智慧城市的大脑，这个中台主要从数据治理的角度、数据管理的角度、数据质量和价值的角度提供数据中台，相关的业务中台包括支付、身份验证以及电子验证等。

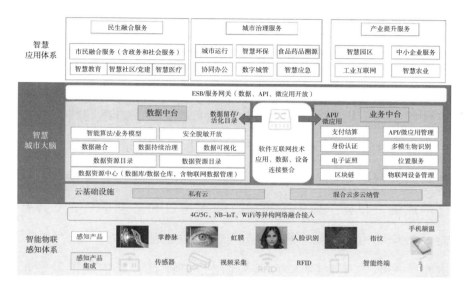

图 2　智慧城市体系建设

最上一层是智慧应用体系，主要有三个模块，第一是民生，现在智慧城市在民生领域应用较多，民生融合要求更加指尖化、更加互联网化；第二是城市本身的治理，城市治理趋向网格化、协同化和智能化；第三是产业提升，包括数据支撑、业务支撑、平台生态体系的建构。

从技术发展的视角，智慧城市建设要求通过以移动技术为代表的物联网、云计算等新一代信息技术应用实现全面感知、泛在互联、普适计算与融合应用。从社会发展的视角，智慧城市还要求通过维基、社交网络、Fab Lab、Living Lab、综合集成法等工具和方法的应用，实现以用户创新、开放创新、大众创新、协同创新为特征的知识社会环境下的可持续创新，强调通过价值创造，以人为本实现经济、社会、环境的全面可持续发展。

　　一个典型的现代化数字城市案例是"3341"工程，从数据中台的角度看，三类新基建包括云计算中心、高速网络、数据中台；三类应用体系包括治理现代化、高质量发展和民生服务；四大保障体系，即组织、安全、标准规范和运维运营；最终形成统一目标，即统筹建设、降本增效和持续运营，支撑社会经济全方位发展（见图3）。现代数字城市技术能力体系，也是"3341"工程的体现，最底层是云计算、通信层以及数据中台三大技术体系；高质量发展、治理现代化、民生服务构成了三大业务；四体现是组织部署、组织架构、安全体系以及统一运营，最后是应用。

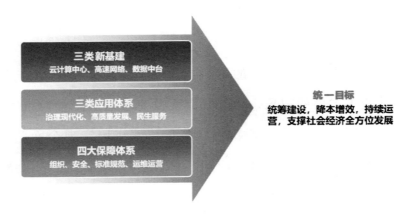

图3　"3341"工程整体建设思路

数字新基建，汇集城市数据，从统一规范、安全可控以及充分共享的角度来实现城市数据资源整合。主要从数据治理、数据质量与数据价值等角度看待中台服务，做到多元化的数据采集，规范化的数据管理，便捷化的数据服务。现在提智慧城市，或者说现代数据城市，其数字中台是实现现代智慧城市的一个抓手，同时也是业务服务的重要支撑。

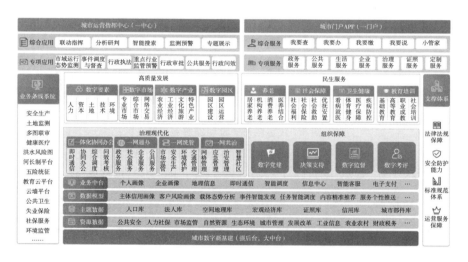

图 4 一中心一门户

如图 4 所示，这是一个具体的业务，除了传统的治理现代化、高质量发展、民生服务之外，还强调一中心一门户。一中心主要是指每个城市都有自己的运营指挥中心，每个城市均有自己的信息门户，这是当前数字城市建设的发展要求和新趋势。传统的智慧城市体现在各个不同体系的数字化，所以它形成了数据孤岛；未来智慧城市更多从数字孪生的角度，打破各个部门、各个体系的数据孤岛，实现不同领域数据的交叉融合，从而有序地建造我们的未来城市（见图5）。

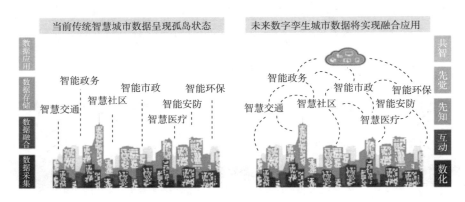

图5　数字城市建设和发展新趋势

数字孪生城市是数字城市的高级阶段，也是智慧城市建设的一个新高度，赋予"城市大脑"实现智慧化的重要设施和基础能力。数字孪生城市将实现在网络空间对物理空间的现实城市进行智能运控与管理。

数字孪生从新动能、新重心、新要求和新模式方面提出了四个发展方向。孪生这个概念主要是指对事物建模，然后对它进行仿真。数字孪生城市也是现代信息化建设发展的产物，是数字城市发展的高级阶段，形成与物理城市相对应的数字孪生城市，充分利用大数据，为城市的综合决策、智能管理、全局优化提供平台以及相应的工具和手段。数字孪生就是综合运用感知、计算、建模等信息技术，集成多学科、多物理量、多尺度、多概率的仿真过程，在虚拟空间中完成映射，从而反映相对应的实体装备的全生命周期过程，其又被称为数字映射、数字镜像。简单来讲，就是在虚拟的数字世界里，"克隆"一个现实存在的物理世界，且可对物理空间进行描述、诊断、预测、决策，进而实现物理空间与数字空间的交互映射，被认为是下一个改变世界的颠覆性技术。

基于这一技术，数字孪生城市的概念也逐步进入国家决策视野，探索建设数字孪生城市被纳入"十四五"规划和2035年远景目标纲要，多地纷纷开始试水。如今，它正从一个技术概念，演变成一种转型路径、变革动力。

在雄安新区，除了现实中正在建设的物理层面上的城市之外，一座数字孪生城市也在同生共长。"雄安在建设每一栋建筑之初，与之孪生的数字化建模就已经开始形成了，每新建设一层物理建筑，它的数字化模型就在同步更新"，河北雄安新区数字城市建设领导小组办公室副主任梁智昊表示，不仅是在建筑空间，在雄安的公共空间里，比如公园、绿地、水系等，数字化建模也在同步规划建设，这就是雄安数字孪生城市的理念。

基于数字识别、自动感知、网络连接、包容性计算、智能控制、平台服务信息技术系统和城市信息空间模型，可促进城市全要素数字化、虚拟化、实时可视化、智能城市运营管理协调，实现物理城市与数字城市的平行运行、同生共长。

从技术角度看，依托现代信息技术体系和城市信息空间模型，为城市治理提供数据驱动决策和综合技术集成；从城市发展角度来看，数字孪生城市是一个复杂的综合技术体系，支持智能城市的创新建设，也是物理实体城市和信息虚拟城市的未来发展形式。

通过城市各方面的传感器布局，实现城市道路、桥梁、井盖、路灯、建筑等基础设施的综合数字建模，充分感知和动态监测城市的运行状态。在信息层面形成虚拟城市对实体城市信息的准确表达和映射。

通过数字孪生城市的规划设计、模拟等，智能预警城市可能产生的不利影响、冲突、潜在危险，提供合理有效的对策；智能干预城市原有的发展轨迹和运营，指导和优化实体城市规划、管理，改善公共服务供应，赋予城市生活智慧。

图6是数字孪生体成熟度模型，一是数化，二是互动，三是先知，四是先觉，五是共智。数化是对物理世界的数字化建模，多个孪生体存在，使多个孪生体之间实现共享智慧。5个

阶段各有对应的关键特征和关键技术。如表 1 所示，数化和先知是顶层的框架基础，建模对应物理世界的描述，仿真是对模型数字化的验证，它是顶层框架技术，先觉、共智是外围使能技术，物联网是底层技术。

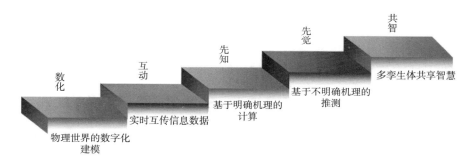

数化 互动 先知 先觉 共智

物理世界的数字化建模　实时互传信息数据　基于明确机理的计算　基于不明确机理的推测　多孪生体共享智慧

图 6　数字孪生体成熟度模型

基于以上研究，对未来基于基础设施和数字化融合打造的数字孪生城市提几点建议。第一，孪生城市建设处于起步阶段，孪生源自工业，用在智慧城市领域未来有很长的路要走，其处于初步阶段，也是理想的状态。第二，提升城市规划，包括建筑交通，很多专家从建筑交通的角度看待智慧城市的发展，还有在能源等领域提高数字化水平，构建统一的城市信息模式，分步务实推进。第三，开展数字城市和现实城市虚实结合的建设，实现物理世界与数字世界的同时建设，统一的标准是最终实现虚实互动的数字孪生城市运行模式。

表 1　数字孪生体关键特征、技术

级别	名称	关键特征	关键技术
1	数化	对物理世界进行数字化建模	建模/物联网
2	互动	数字间及其与物理之间实时互传信息和数据	物联网/科学计算
3	先知	基于完整信息和明确机理预测未来	仿真/科学计算
4	先觉	基于不完整信息和不明确机理推测未来	大数据/机器学习
5	共智	多个数字孪生体之间共享智慧，共同进化	云计算/区块链

未来数字孪生城市将同时拓展公共服务、商业办公等系统，打造智能服务、智能商务等平台，以及配套的应用场景（见图7）。以大数据为代表的新一代信息技术与城市深度融合的数字孪生城市建设，将通过技术创新实现城市居民更温暖、更优质的生活体验。

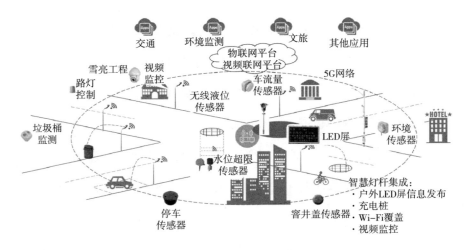

图 7　孪生城市

未来城市的数据治理

江青[*]

与中国社会科学院城市发展与环境研究所（以下简称"城环所"）结缘近十年，从面向全国两三百个地级城市的网络城市形象评价，到智慧城市评估，再到动态模拟实验室的成立，每一个时期城环所关注重点的变化都是智慧城市发展过程中的一个缩影。笔者抛砖引玉，从大数据应用的发展历程分享一下对智慧城市或者数字城市的观察和浅见，希望引发真正的专家学者在垂直领域里做更加细致和深入的研究探索。本文基于对雄安新区公共服务数据治理的探索，从数字化历程、雄安未来城市样板案例及数字经济三个角度，聚焦探索未来城市的数据治理。

---

* 江青，中国统计信息咨询中心执行主任。

一 数字化历程阶段性特点

从数字化发展历程的角度，按照笔者的从业经历大概可以分成 1.0 时代（2008～2013 年）、2.0 时代（2013～2018 年）、3.0 时代（2018 年以来）三个阶段，每个阶段大概 5 年的跨度周期。

1.0 时代：大数据应用提高信息获取效率

实际上大数据最初是应用在社情民意的调查研究方面，大家这些年应该接触到一个名词叫"舆情监测"，也就是网络上的社情民意，即利用大数据技术和工具对一些单位或事件的网络信息进行监测。最直接的应用场景是宣传部门针对本单位在互联网上的负面信息进行监测，以进行必要的形象修复和危机公关。这大概是从 2008 年到 2013 年之前做的探索。

事物的发展有它特定的规律，意味着我们今天谈的概念不可能一天两天，或者一年两年就能够达到所期望的境界，而是要经历比较长的过程。1.0 时代我们看到的表象应用，是我本人经历到的，从技术层面我们看到更多的是软件开发公司根据需求，将大量人工解放出来，利用软件不间断地翻阅网页，来获取所需要的即时信息。从硬件的角度，当时接触到的大部分是机房托管服务，自己购买小型机，购买服务器，把这些硬件托管到一个机房的环境里面使用。大数据应用提高了信息获取效率，解放了人工，这是 1.0 时代的数字化表象特点。

2.0 时代：数据辅助领导决策

2013 年被社会称为中国的大数据元年，中组部推出国家人才计划，很多国外优秀的学者、研究者和实践者回到国内，陆陆续续开始从事高新技术的场景化应用。2.0 时代，我们国家统计局大数据实验室应需求开始探索将大数据应用在统计研究、社会调查、监管辅助以及为党中央国务院有关部门提供决策分析等方面。这个阶段更多利用到大数据相关的技术和方法，进行大规模的不同数据源、不同结构、不同维度数据的综合处理，大数据应用于辅助领导决策，受到越来越多的重视。

当数据量大了以后一定需要更快速的计算，需要更大量的存储，这时候大家能够看到软件发展层面的突出表现，例如经济分析或者数据分析平台等一些应用端的出现。还有像我们所知道的硬件层面，如云计算、私有云、公有云等，一些企业也开始建设。再往后云计算、物联网、区块链、人工智能等技术都是在 2013 年到 2018 年之间陆陆续续出现的，大家可以看到各个地区几乎都在推崇和推广这些概念。

这些新概念出来这么多年到底有没有解决人们所期望解决

的问题？到目前为止我们看到的是并没有完全解决遇到的问题。不少研究者提到做具体项目，或者做具体研究过程当中遇到了方方面面的问题，其实我们遇到的是最多的。我们所有项目都是做应用的，最终服务对象都是领导者或者管理者，当他们需要有一个结果的时候，我们必须围绕需要解决的问题整合方方面面的数据。这时候我们把技术当做解决问题的一个工具，它是必要的，但不是充分的。可惜的是，这些年所培育的包括资本市场培育的基本上都是以技术为主的应用。技术为主会遇到一些什么样的问题？就是空有一身本事却不知道要解决什么问题，类似于你有一辆豪车，拥有非常好的发动机（技术），但没有油（数据）或者不知道油在哪里，不知道往哪里跑（场景），所以这辆车就算再好，发动机再先进，却不能让你到达想去的目的地。

现在抖音非常流行，大家还是要学会刷抖音，因为抖音这个 App 是面向"90 后""00 后"而生的一款兴趣导向的应用，现在已经扩展到更宽泛的年龄群体和更广泛的地域群体。抖音为什么在特朗普的视角下要被下架和禁止？这涉及一个关键词：信息安全。信息安全是每个国家都非常重视的，大家知道 2012 年的斯诺登事件，就是由信息安全引发的国际大事件，但笔者一直认为斯诺登事件对中国大数据发展，对百姓认识大数据起到了非常重要的科普作用。

2.0 时代不仅学界，包括企业、政府都已经意识到数据对于科研、管理、经济社会发展决策工作等方面的重要性，但是数据共享从开始到现在一直是难以完全解决的问题。这真不是说从业者想去解决就能解决的，它是一个利益博弈过程，这个过程需要多长时间我们并不知道。美国的数据开放从 20 世纪 90 年代开始推动，直到 2009 年 1 月奥巴马政府才签署《透明和开放政府备忘录》。我国需要多少年？从开始提出这个问题到现在快十年了，习近平总书记、李克强总理都在不同场合强调政府数据共享、数据开放，但真正的共享不是短时间内可以达成的。我们团队承担的几个项目是国家级项目，但这些项目本身所需要的高质量数据却很难拿到。数据共享不逐步解决的话，其他很多想法都不能够很好地去落地，这是 2.0 时代。

3.0 时代：数字化治理进入场景化

中共中央政治局 2017 年 12 月 8 日下午就实施国家大数据战略进行第二次集体学习，中共中央总书记习近平在主持学习时强调，大数据发展日新月异，我们应该审时度势、精心谋划、超前布局、力争主动，深入了解大数据发展现状和趋势及其对经济社会发展的影响，分析我国大数据发展取得的成绩和存在的问题，推动实施国家大数据战略，加快完善数字基础设施，推进数据资源整合和开放共享，保障数据安全，加快建设数字中国，更好服务我国经济社会发展和人民生活改善。从那时起各级党委政府开始重视大数据，一窝蜂地召开相关会议，各地招商引资引进各种各样的企业，招募各种各样的专家学者，地方政府重视大数据在经济社会发展当中的重要性，这是非常可喜的现象。

3.0 时代比较突出的一个特点是很多新创企业会聚焦做一个具体的应用，例如只研究无人驾驶这一个场景、只做扫地机器人、只做窗帘的自动化或者只做新装修的声控，总之大家都有一个具体的场景，这是应该的，也是正确的方向。这个时候大家已经意识到了各自的业务是最主要的，因为要解决问题，而不是技术唯上，技术再先进，不用来解决问题其价值也发挥不出来。还有一个特点，大家会发现数据的重要性已经在各个会议的场合里面不断地被提及，数字中国战略的提出，包括党的十九届五中全会，到 2035 年 15 年的远景规划都提到了"数字中国"，也提到了"数字经济"，提及这些词语意味着行业发展开始走向场景化。中国数字应用场景化的影响力现在是全球领先，领先到什么程度？领先到美国不得不重视，因为发展得太迅猛，从 2017 年开始贸易战到 301 调查，聚焦到最后就是科技战和知识产权，表面矛盾是贸易顺差逆差，由头而已，这时候你发现中国的核心竞争力已经非常强大。但我们的根服务器以及很多核心技术，包括发动机等自有技术被卡脖子，华为等47家被列入实体名单的企业都受到限制，接下来就是自主研发新技术的较量，这是我们正在经历着的3.0时代。

二 雄安——未来城市的中国式探索

雄安案例我愿意把它叫作基于雄安新区公共服务治理研究的探索，为什么？因为这个研究没有定式，也没有先例可循，仅有一个研究方法，就是想象。的确没有先例可循，我们能找到的国际国内的案例都差不多，基本上都是企业提出来的，很难有一个满足雄安新区打造未来城市样板的需求。雄安是一个国家战略，是一个国家的千年大计，新区在这种背景下提出数据治理这个概念，说明什么？说明其已经意识到了之前所有专家讲到的关于数据共享的价值问题。

（一）数据共享不是问题

雄安新区是从0到1，在一张白纸上画画的新区，所以它有能力去做，至少在政府部门间的数据共享不是问题。如果大家去雄安参观，雄安新区只有4个局，改发局、公服局、财政局和建设局，把传统几十个部门的功能浓缩成一个个工作组，一个组的规模可以无限大，就是一个组长带着干活，是一盘棋的思路。数字雄安公司里设置雄安的块数据平台，所有的部门不论是生产数据还是需要用的数据，都在这个中转平台，从根上解决了数据共享的问题。但同时面临一个问题，每个组不知道为什么生产数据，不知道未来干什么。这就涉及数据治理，为什么产生？为什么存储？存储了到底干什么？要解决什么问题？这是每个工作组需要厘清的问题。

（二）公共服务数据治理的三个目标

做雄安新区未来城市数据治理这个课题首先要明确三个目标，雄安不仅是全国的样板，也是全球第一个要打造的未来城市样板。做城市研究的朋友可以参考一下，也可以再提一些新的目标，并不是所有地方都一样，要因地制宜。第一个目标是对公共服务数据治理理念的内涵和外延要界定清楚，如哪些是公共服务，需要明确关键地位。第二个目标是提出公共服务数据治理的相关标准和规范，没有标准和规范这些数据是干什么的？就是一堆垃圾。数量越增长垃圾堆越大，你埋在里面就乱了，让人感到茫然。"断舍离"说的是一个房子住得越久，家里的东西越多，多到一定程度人就懒得收拾。如果不断、不舍、不离，就会变得越来越庞杂，数据治理也是同样的道理。第三个目标是描绘公共服务数据治理的实施策略和方法。怎么做公共服务数据治理？策略是什么？具体方法是什么？大家都是诸葛亮，都能找出很多方法和策略，可是它们能不能解决问题是最终的考量标准，所以要搞清楚到底用它来干什么。

（三）数据治理的意义

第一个意义是建设真正的数字孪生城市，雄安数字孪生就是物理城市和数字城市共体，所以提出了数字孪生。物理体系中把房子建起来就建起来了，它是静止的东西，而数字是动态。孪生的标准很高，刚开始不能完整梳理数据，就从最小的指标、最小的应用范畴来满足它，后面开始逐渐往上增加。第二个意义是打造未来城市公共服务的雄安样板，今天叫智慧城市，未来城市是研究雄安相关项目时的提法，为什么这样提？2008 年智慧城市提出的时候是基于住建部提出的一个概念，随后工信部参与进来，后来发改委提出新型智慧城市。笔者一直坚持应该把智慧城市这个词当成未来人居的范式，它是将来进行时。但很多企业和政府总认为是现在进行时，所以导致了很多政策措施和产业培育都按照现在进行时来配置，认为这个城市就是智慧城市。这怎么可能？智慧城市至少要经过三、四代，才可能达到一点智慧，是一百年以后还是两百年以后才能建成我们都不敢保证。智慧城市首先让它有信息化基础，新基建让信息化普及到千村万巷，这是最基础的；接下来产生数字，产生数字要有智能设备，智能和数字是共存的，或者智能在先，数字在后。要走过智能这个时代，走过数字治理的时代，后面才可能产生智慧，所以智慧城市是未来的范式。我们不愿意用智慧城市这个词，这是未来的东西，所以这个时候研究数字治理城市的意义也就理清楚了。

雄安样板打造的不仅仅是中国城市发展的样板，它甚至是全球城市发展的样板。我们可以考虑雄安的定位，习近平总书记亲自抓，京津冀同时发力要做这件事情。这两个目标可以给其他的城市提供参考，不能像雄安那样直接推倒了重新来一套，如果想发展数字经济，想建设智慧城市，就绕不过这些步骤。必须让城市具备智能设施，进行数字孪生，政府部门接下来必须要考虑这两个问题，否则毫不客气地说，谈智慧城市就是痴人说梦。

雄安的建设是探索式进行的，有很多东西都在变化。我们去年去看展厅和今年再看它是发生变化的，这个时候有很多东西还没有确定。全球高精尖团队做的建筑规划，建筑上的规划完成以后就要开始建设。现在6万多工人，将近400个塔吊，这时候要铺什么管道？放什么消防设施？摄像头怎么铺设？已经开始行动了，就已经有中国移动、中国电信、中国联通开始配套了。但现有的城市中很多建筑已经建了二十年了，二十年的建筑不可能配备数字孪生的一些设备，那怎么办？那就需要往上加载，需要更换，需要加一个类似于数据采集核，不做这些工作怎么做城市的数字化治理？此外还有网格化治理，政法委系统"雪亮工程"网格化治理，我们做了一点工作，但是那个纯粹为治安服务。传统的城市怎么做，笔者分享的东西希望能给学者专家带来启发和思考，能够从各个领域更深入地研究和探索，这是值得期待的。

三 数字经济时代来临

雄安新区规划当中社区公共服务是服务谁的？有什么需求？我们都知道雄安新区要承载北京疏解的非首都功能，像国家央企、各大研究院所、大专院校要往那儿迁一部分，相关人员要搬过去生活工作。所以这个社区公共服务的服务对象就是这些人，新建的办公居住楼宇 2023 年、2024 年差不多能竣工，部分首都功能疏解的人群可以搬过去。要让所有住进去的人享受数字城市的便捷和高效，把生活与工作融合到生活圈内，这意味着数字经济时代全面来临。

（一）围绕两个"人"的一生提供数字化服务

简单来说，公共服务就是围绕两个"人"的一生提供数字化服务，这两个人分别指的是"自然人"与"法人"。公共服务内容涉及基础教育、医疗卫生、文化休闲、体育健身、政务服务、便民商业、创新服务、社会福利等，一个人从医院生出来到殡仪馆死掉，这一生所有跟人有关的事都希望能够便利化；还有法人，一个企业从注册到注销，全流程这些事也希望能便利化，电子政务服务一门式办公、一窗式办公，这个已经做了很大的改革，取得了很大的进步。对于自然人的需求，目前没有做到特别的便利，虽然有很多工作不用跑几趟腿，但依然要跑腿，因为还有一些需求、一些服务没有满足。

围绕两个"人"的数字化服务首先体现在区划规划方面。党的十九届五中全会通过的 2035 年远景规划是长达 15 年的长期规划，未来十几年整个步调和所有声音要保持一致，不可能再出现换领导就换一个打法，然后一堆烂尾工程，要保持一定周期内声音的统一，步调的一致。到 21 世纪中叶我国要达到中等发达国家水平，而雄安则是把一些国家级战略落地的先行者。

具体到社区服务的数字化，对智能化就有具体的要求，例如社区服务和社区物业管理设备设施的智能化建设、发展线上线下结合的社区服务模式。有一些"50后""60后"的朋友表示不习惯，连无现金支付或者抖音都还不会玩。笔者要说的是不会玩未来肯定会面临一些不便利的挑战，整个生活业态、经济发展会走向线上线下全链融合，全链融合的比例会越来越大。智能化需求一定要有消费理念去带动，也就是"95后"人群的全面带动。我们都知道，"95后"出生的孩子全都是互联网原住民，他们会引领数字化。我们搞研究如果只是沉浸在老一代思维上，沉浸在先前很多东西上，可能会有一些问题，现在及今后我们应该更多关注和重视年轻人的想法，甚至自己家里孩子的想法。

（二）数据治理的支撑体系

数据治理的支撑体系，包括制度支撑、政策支撑、资金支撑、技术支撑、人才支撑、伦理考量、信用体系等。提到伦理考量，就涉及数据伦理。所谓数据伦理大部分是信息安全的问题，一个是技术上的问题，还有一个是道德上的安全。伦理考量现在没有重点提，企业的终极目标是赢利，它只要赢利就是对的。但是作为一个自然人，或者作为社会整体一部分的法人来讲，伦理一定是放在第一位的，这些事情谁来做？就是城市的管理者去做，就是政府部门的监督者来做，或者公益机构、行业协会去做。还有信用体系，我们应该很明显地感受到这些年整体的企业信用、个人信用都在慢慢提升，我们感觉到的是整个社会的信用状况越来越好。做智慧城市落地研究的时候，要看这些城市具不具备以上这些支撑体系，如果已经具备了，那就可以放心往前推动，如果还有很多东西不具备，那么工作就要从零开始。

平台怎么搭建？这里只是给一个参考，该考虑的东西都要考虑到，真正搭建的时候，最基础的工作要从数据的梳理开始。你得把它理清楚，就像图书馆拉了一堆书得分门别类放在架子上，涉及到大量的图书编目的问题一样，这不是一个小工作，不是一个轻松的工作，也不是一个智能的工作，这项工作无法智能化，还是需要靠人力来完成。

（三）数字经济发展快速

数字经济时代的来临，这是不可避免的历史大趋势。作为经济学概念，数字经济是人类通过大数据的采集—存储—管理—研究—应用等，引导、实现对数字化信息和资源快速优化配置与再生，从而实现经济高质量发展的经济形态。数字经济内涵比较宽泛，凡是直接或间接利用数据来引导资源发挥作用，推动生产力发展的经济形态都可以纳入该范畴。2013 年以来，包括大数据、云计算、物联网、区块链、人工智能、5G通信等新兴的技术，以及包括"新零售""新制造""新传播"等新模式的应用，都是数字经济的典型代表。

作为互联网概念，数字经济是信息经济的另一种称谓，信息技术的数字革命，使数字经济成了基于人类智慧联网的新经济。数字经济的发展是同互联网技术的广泛应用分不开的，它伴随着传统经济的逐步网络化、数字化和智能化发展。信息产业、电子商务、网络经济等有关信息经济的发展都是数字经济的内容。1998 年 4 月 15 日，美国商务部公布了以《浮现中的数字经济》命名的第一份研究报告，提出并着重分析了这一核心资源对宏观经济和微观经济的决定性作用。

笔者开展的国务院经济普查领导小组"一带一路"经济带产业分布和发展研究重大项目的研究显示：共建"一带一路"倡议提出七年以来，服务贸易数据里面最明显的一个表现就是数字贸易。数字贸易最大的贡献期就是从 2020 年新冠肺炎疫情发生到现在这段时期，数字贸易对服务贸易的贡献率已经超过了 100%，这意味着什么？中国数字贸易与数字应用在全球得到了认同，这是第一个可以增强信心的地方。第二个是雄安新区对于本区 GDP 的目标是未来数字经济要占雄安新区 GDP

的80%以上，试想一下80%是什么概念？它就是未来城市，城市里的一切都跟数字化关联起来了，我们沿着这些方向去做的所有探索都将大有可为。

现阶段人们已经越来越接受数字经济这个概念，产业数字化同步带动着数字产业化双向发展。数字化技术、商品与服务不仅在向传统产业加速渗透，形成产业数字化；同时因为促进产业数字化过程中也推动了诸如互联网数据中心建设服务等数字产业集群的不断发展，形成了数字产业化。2022年我国开始重点推进建设的5G网络、数据中心、工业互联网等新型基础设施，本质上就是数字经济的基础设施。数字经济已成为驱动我国经济实现又好又快增长的新引擎，其所催生出的各种新业态，也将成为我国重要的新经济增长点。

在数字经济这个系统中，数字技术被广泛使用并由此带来了整个经济环境和经济活动的根本变化。疫情期间，基于移动互联网的数字经济有效地保障了我国人民的日常生产生活，"健康宝"等数字名片成为辅助疫情防控的有效手段。全球疫情危机下，我国反而面临着未来十年数字经济发展的钻石期，广大中小企业完全可以利用数字经济的后发性优势，选好赛道，利用信息技术在世界范围内的强大竞争力，共同推动我国经济快速发展。

市域治理现代化实践

易修文 *

一 智慧政府建设的四个阶段

建设数字政府是各地政府顺应信息化浪潮、转变政府职能、提升治理能力现代化水平的必然选择。数字政府的发展可以分为四个阶段。

第一阶段，各个垂直业务系统单一维度的信息化，即面向单个业务部门，解决部门业务应用中的需求和难点，比如交通信息系统、环境信息系统等，各系统之间不互通不互联，这是1.0版本。

第二阶段，"一网统办业务系统"。在这个阶段，政府管理

* 易修文，京东智能城市事业部数据科学家。

者把所有的办事大厅都集中在一起，群众只跑一次，或者只在一个 App 上面，就能办理相关业务，这是 2.0 版本。

第三阶段，"垂直智能"阶段。在这个阶段利用跟某个委办局有关的数据进行数据共享，解决委办局对应的业务。虽然开始连接很多部门的数据，但只是把不同部门的数据用来服务一个部门的业务，比如交通控制、环境检测，这是 3.0 版本。

第四阶段，如京东数科正在做的"市域治理现代化"，这是 2019 年党的十三届四中全会提到的。"市域治理现代化"是架构于各个委办局已有系统之上，打通不同委办局的数据，解决多个委办局，尤其是跨三个委办局之间相应的业务。还有一部分更多是智能化的应用，从监测预警到加快事件的流转和处置速度。该阶段强调"一网统管"，服务于市委市政府领导，利用多个维度的数据去做分析研判、辅助决策，给政府领导一个抓手去协调联动各个部门，应对重大事件。比如此次新冠肺炎疫情，利用大数据实现智能分析决策和数据价值挖掘，这是 4.0 版本。

二 市域治理现代化实践

在新形势下，如果要做好市域治理现代化，也就是数字政府的4.0，会遇到以下四大难题。

第一，目前政府中虽然有很多垂直业务系统，但缺乏一个统一管理的中心。比如，很多政府中都有数字城管、综治、网格、警务等，但是没有一个中心来管理全域。第二，政府的领导缺乏辅助决策的支撑，比如要了解一个城市的经济，发改委的数据有不足，经信委的数据也有不足，如何来辅助决策这是一个问题。第三，当出现问题，一旦涉及多个部门，尤其是跨三个部门以上的时候，各部门协调联动非常困难。第四，目前虽然有大数据局，数据也汇聚了，但是数据的应用价值其实并没有很好地体现出来，也没有相应的业务部门去挖掘大数据的价值。所以，很多地方的大数据局处于比较弱势的地位。

（一）总体思路

针对以上四大痛点难题，京东数科尝试在垂直业务系统之上，再搭建一套系统，在不动垂直业务系统的基础上，实现数据打通、系统打通、人员协通和展现贯通。以此帮助领导做辅助决策，调动各个部门，应对重大事情，这也是市域治理现代化"一网统管"，完全区别于前面三个阶段的地方。

图1 南通市市域治理现代化指挥中心

如图1所示，南通市市域治理现代化，是南通市政府通过与京东数科等科技公司共建，在市级和县区部门已有系统和数据的基础上，通过数据打通、系统联通和展现贯通，构建的"一网统管"市域治理现代化指挥中心（以下简称"指挥中心"）。

该指挥中心定位面向市委市政府领导，架构于各部门已有系统之上，打造一系列创新应用，解决跨多个委办局的业务痛点，促进部门更紧密地合作，实现"汇聚共享、智能搜索、集约服务、分析研判、监测预警、联动指挥、行政问效"等核心功能。

在"平时"，指挥中心能够实现全市事件一门受理、一体派单、联合处置、实时追溯和闭环问效，提升三级联动系统的运行效率；在"战时"，指挥中心的一键调度指令通道，可扁平化指挥各相关人员，真正实现"平战三级联动、全市一网统管"。

（二）总体架构

南通市市域治理系统具有现代化的特征，包含一个中心、两个中台、三级联动、四类数据、五大亮点、六大领域以及七大功能（见图2）。

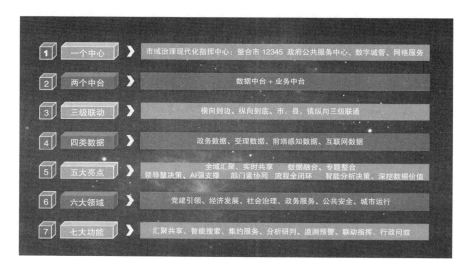

图2 南通市市域治理系统的总体架构

基于城市操作系统基础底座，实现"汇聚共享、智能搜索、集约服务、分析研判、监测预警、联动指挥、行政问效"

七大核心功能，推动全市数据资源的集成共享和政务应用的创新开发，打造集"搜索、分析、预警、问效"于一体的联动指挥中心平台，建立"1＋N＋N"市、县（市）区、镇街道三级联动的指挥调度体系，实现跨区域、跨部门的联动指挥。汇聚共享是基础、集约服务解决具体问题；监测预警—联动指挥—行政问效成闭环；智能搜索、分析研判，提升辅助决策能力（见图3）。

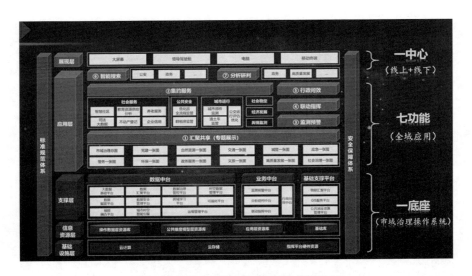

图3　南通市市域治理系统标准规范体系

1. 汇聚共享

构建市域治理总图及党建、自然资源和规划、交通、城管、应急、警务、环保、政务服务、文旅、高质量发展、社会治理、社情民意和文明南通等专题"一张图",绘制南通市域治理全景图,以动静结合的方式呈现南通市域治理各方面的基本情况,实时反映全市市域治理工作动态。

2. 集约服务

在汇聚信息资源的基础上进行激活、创新和应用,建立社会服务、经济发展、公共安全、城市运行、社会稳定、舆情监测等业务领域的跨部门、综合应用体系,重点解决条块分割和协同力度不够等问题,形成指挥统一、部门联动、资源整合的市域治理创新服务体系。

3. 监测预警

该系统中有大量的摄像头和传感器,通过这些设备获取的数据能自动发现,把风险暴露出来,以感知和洞察城市安全运行态势,为突发事件综合分析判断和指挥调度提供智能可视化支持。南通市过去对群租房不法行为进行事后打击,现在通过数据分析挖掘可能存在群租房的地方,针对用户画像,把群租房事后检查提前到事前预警,大大提升了对群租房的治理能力。

4. 联动指挥

根据各地区、各部门的职责权限和事项处置特点,分级分类推进市域治理现代化体系建设,实行"1+N+N"的运行模式,即1个市级平台,统筹全市市域治理工作,统一指挥调度市级和下级平台;N个市级部门和县(市)区平台(分中心),主要受理本级职责范围内的事项、上级交办的事项和下级上报的重点难点事项,接受市级平台调度并统一指挥调度本级和下级平台;N个镇、街道级平台(工作站),主要受理本级职责范围内的事项和上级交办的事项,接受上级平台调度并指挥调度本级平台。

5. 行政问效

涵盖公众服务问效机制和执法监督问效机制,其分别对公众咨询、服务、投诉和部门执法等事项进行行政问效。在市域多源数据汇聚的基础上,充分调动和激发社会各方面数据的活力,基于原有考核机制,结合大数据分析、人工智能等技术,形成覆盖市、县(市、区)/部门、乡镇街道三个层面的行政执法和公众服务全流程监督评价体系,实现"重过程、保时效、看结果、成闭环",为各单位优化工作计划、提升行政效能提供辅助支撑。

6. 智能搜索

对公安、政务党建、自然资源和规划、交通、城管、应急、警务、环保、文旅、社会治理、社情民意等动态信息实现一键智能搜索，通过搜索手段帮助政府领导快速准确找到相应的信息数据。

7. 分析研判

运用大数据辅助决策能力，建立智能分析研判平台，构建覆盖社会服务、经济发展、公共安全、城市运行、社会稳定、舆情监测等业务领域的分析预警体系，定期生成专题分析报告，推动市域治理从被动"堵风险"向主动"查漏洞"转变，打造大数据辅助决策的新模式，形成社会服务精细集约、经济发展持续高质、公共安全全程可控、城市运行顺畅高效、社会秩序稳定有序、舆情监测精准全面的新格局。

最后也是最上层的"一中心"，即共同建设具有"可行性、典型性、创新性、实战性"的南通市市域治理现代化指挥中心，打造"线上＋线下"的运行模式。指挥中心作为市域治理运行载体，"平时"承担协调联动和日常管理，"战时"承担应急指挥等重要职能。

（三）内容亮点

1. 全域感知，精准把控

对城市实现统一的感知，这种感知分成以传感器为中心的感知，以及以人为中心的感知两大类。与传感器相关的数据主要搜集渠道是静态位置部署摄像头和基于移动车辆爬取的轨迹，通过技术把全域的数据进行有效的感知；与人有关系的数据又可以分为两种，一是人主动上报和主动分享的数据，二是人在城市里出行、打电话、订外卖等活动产生的相应数据。只有感知才能掌握整个城市的节律，这是社会治理的第一步。

有了大量的感知数据后，要对数据进行安全的汇聚和采集、共享。这其实非常难，由于城市中各个业务系统的数据接口、频率、体量等通常不一致，传统的共享交换平台根本无法满足需求。通过数据直通车能够接入城市里的视频、语音、文本、政务、时空、IoT（物联网）等所有的数据，这种接入的方式也是一个创新，但也是一大难点。目前，指挥中心打破数据孤岛，汇聚南通市 64 个部门、10 个县市区数十亿量级的数据。

2. 全量汇聚，实时共享

实现全域数据的深度汇聚。南通是中国首次实现全量、全域、全实时汇聚的城市，除了技术本身，政府的体制机制改革也非常重要。比如通过南通大数据资产大屏，可以看到数据的汇聚程度已经成为政府人员绩效考核的一部分，汇聚质量、进度、及时度都变成了考核指标，所以这既是技术创新也是体制创新。

此外，该系统在数据汇聚方面还具有以下特点。

数据接入时的技术手段方面，通过城市操作系统里的数据直通车，高效接入城市里各类政务数据、感知数据、受理数据和互联网数据；相比传统的共享交换平台和大数据平台，数据接入更实时、更稳定、种类更丰富。

数据汇聚程度方面，74 个单位全量级和全域汇聚，汇聚了全市 10 个县市区和 64 个部门共 74 家单位的 33 亿条数据，做到了全量级和全域汇聚；10 万余路雪亮视频信息，每天交换的数据量达到 1.3 亿条。

3. 数据融合，专题整合

专题呈现包括市域治理总图和党建、自然资源和规划、交通、城管、应急、警务、环保、政务服务、文旅、高质量发展和社会治理等专题"一张图",具体开发工作在"专题展示"中体现。

每一张图都是整合了多个相关部门的数据,比如高质量发展一张图从产业高质量、经济高质量、科技高质量等维度,集合了统计局、发改委、财政局、税务局、科技局、市场监管局、工商局等部门以及京东的互联网数据。每一张图不是简单的静态展示,而是可以在图上展开智能搜索、监测预警、分析研判、联动指挥和行政问效等功能。

城管一张图实时感知城市运行状态,提前发现渣土运输、城市设施管理问题,全程监管城管执法过程,形成第一时间感知、第一时间预警、第一时间发现、第一时间处置,通过城市事件闭环管理精准化排除渣土不合法运输、城市设施状态不明晰带来的安全隐患,为保障城市宜居和谐提供可视化支撑。

城管一张图包括城市管理整体态势、智慧城管事部件类案件分析、违法建设治理、渣土车治理分析、智能城市照明分析、市政设施监测、市容环卫管理分析、公共绿色出行分析、园林绿化管理、在建工程管理、城市运行监管分析、城管事部件类案件高发预警。通过各类静态统计数据和动态更新数据的多维化展示,体现城管工作的高效性和规范性,为城市管理提供分析工具和决策依据。

4. 智能分析决策，深挖数据价值

以南通市解决群租房监管问题为例，京东数科为相关主管部门融合了视频、政务等一系列的数据，帮助政府决策，而不是只关注数据本身。通过融合公安、政务和京东三大类数据，叠加基于时空语义学习的城市功能区域划分和基于注意力机制的模式匹配等人工智能算法模型，建立群租房租户画像，打造高、中、低预警体系，从事后打击转变到事前预防，实现群租房的高精度、自动化识别，提升线下工作人员执法效率。社会治理的下一个阶段，一定会大量运用人工智能、大数据技术，用知识服务于政府的决策。

5. 领导慧决策，AI 强支撑

用相应的 AI 技术来辅助政府决策。目前，指挥中心向城市管理者提供"智能搜索找信息、分析研判推报告、监测预警报风险、社情民意知民声、行政问效核指标"等以 AI 为强支撑的辅助决策体系。不局限于指挥中心大屏，城市管理者可以在 PC 端、手机端及平板上随时掌握城市运行态势，实现科学研判决策、远程指挥调控。

领导驾驶舱以决策部门及其辅助部门为主要服务对象，围绕南通市市域治理发展战略和重要工作，根据领导职责和关注内容不同为决策者提供相关领域信息智能搜索和数据分析服务。领导驾驶舱不是一个简单的看板，其中有大量的交互，可以调取任何一个部门和细节数据。管理者在看完数据之后可以直接在上面进行批示，之后下发到相关部门进行执行、追责问效，实现了闭环管理。

领导驾驶舱作为数据驱动、模型驱动、智能驱动的轻量级、定制化城市管理决策辅助工具，可以在电脑桌面、平板、手机等各类终端上运行，也可以随时为领导搜索市域治理专题信息、掌控城市运行态势、督导部门行政效率、快速开展城市管理问题分析研判和指挥调控提供全面、实时、便捷、高效的数据支撑服务。

6. 部门紧协同，流程全闭环

为促进部门之间的紧密协同，指挥中心建立汇聚了全市域事件的信息数据系统，打造了市、县、乡三级联动指挥体系。"监测预警＋联动指挥＋行政问效"形成闭环，给市领导一个抓手去调动多个部门，协同应对重大事件（见图4）。

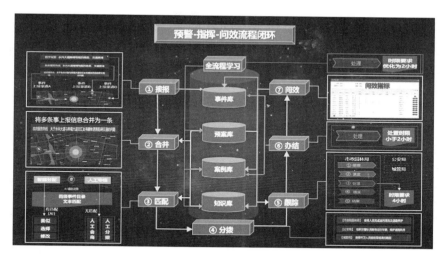

图 4　三级联动指挥体系

　　联动指挥体系的运转，包括"平时协调联动"和"战时应急指挥"两个方面，横向打通部门、纵向贯穿区县，截至目前已建设了 1 个市级指挥中心，10 个县市区指挥中心和 96 个乡镇街道的立体化、全覆盖的指挥中心。全流程闭环包括从多源事件接报，到事件智能合并，再到历史案例匹配、工单智能分拨，再到事件全流程实时跟踪、事件办结及行政问效的全过程。

　　"平时"实时回应群众投诉、信访、各类诉求以及来自各县（市）区、各部门报送的信息和交办事项。指挥中心对全市域事件的日常协同，起到高位协调的作用，配合联席会商制度，跟踪领导督办交办事项、协商处理疑难推诿案件事件、实时跟踪事件处理进度，并对事件处理结果进行问效，实现"一门受理、一体派单、分别处置，实时监控，结果反馈，行政问效"等功能。

当发生公共应急事件时，指挥中心进入"战时"应急指挥状态，可提供应急指挥、辅助决策、融合会商三大重要亮点功能，实现横向指挥到边、纵向指挥到底，通过三级联动体系，直接指挥县市区、乡镇和单兵，快速确定处置办法、下达指令。

新加坡 CBD：全球数字金融中心
发展策略与启示

徐振强[*]

一　引言

当前我国正在推进数字经济建设，以数字金融为主要方面，学习借鉴国外城市在数字经济方面的发展经验，可以促进我国城市数字经济稳健发展。新加坡 CBD 是亚太金融中心，全球第五大金融中心。新加坡 CBD 位于新加坡南部，广义范围是以旧国会大厦为中心，方圆约 8.6 平方千米的区域。自 20 世纪 80 年代始，新加坡金融商业迅速崛起，在国际金融、外汇交

---

　　* 徐振强，全国市长研修学院（住房和城乡建设部干部学院）市长智库研究员、博士。

易、贸易融资、海事金融、保险、财务运作等方面拥有领先地位。为巩固其在全球的金融地位，自 2016 年开始，新加坡将数字金融作为重点发展领域，出台法律政策，鼓励数字金融技术创新，完善数字金融监管，打造数字金融生态，目前正逐渐发展成为全球数字金融中心。

2019 年新冠肺炎疫情加快了全球经济数字化转型，在新加坡金融管理局（MAS，隶属新加坡财政部）主导下，新加坡大力推动数字金融科技创新，为国家经济发展提供了新增长动力。2020 年新加坡金融和保险业营业收入超过 703 亿新加坡元①，约占 GDP 总量的 15%。

本文系统梳理了新加坡推动数字金融发展所实施的各项措施，总结了新加坡数字金融发展的管理经验，剖析了新加坡数字金融发展中的现存问题。

二　新加坡数字金融发展策略

新加坡良好的金融业发展环境为新加坡 CBD 数字金融发展

---

① https：//www. statista. com/statistics/625794/gdp – of – the – finance – and – insurance – industry – in – singapore/.

奠定了基础，自 2016 年起，新加坡聚焦数字金融发展需要，颁布多项相关法律和政策。

（一）制定与数字金融相关的法律法规

1.《PSN（支付服务公告）02》

2019 年 12 月新加坡发布《PSN（支付服务公告）02》，《PSN（支付服务公告）01》适用于非 DPT 服务提供商，《PSN（支付服务公告）02》则侧重加密资产。公告引入反洗钱要求清单，要求数字支付代币服务提供商必须实施强有力的控制，以检测和阻止非法资金流经新加坡金融系统。此类控制包括金融机构需要识别和了解其客户（包括受益所有人），进行定期账户审查，以及监控和报告任何可疑交易。

2.《支付服务法》

2019 年 1 月，《支付服务法案》（PSA，*Payment Service Act*）通过新加坡国会审议，被正式立法，并于 2020 年 1 月起实施。PSA 将数字资产纳入 MAS 的监管范围，并规定数字支付令牌（DPT）服务提供商（涉及新加坡绝大多数加密货币相关企业）需遵守严格的反洗钱和恐怖主义融资新规。《支付服务法案》将账户发行服务、国内汇款服务、跨境汇款服务、支付型数字货币服务、电子货币发行服务、商家收单服务以及货币兑换服务纳入监管范围，服务商可以选择提供其中一种或多种服务。服务商会根据自身的业务模式与上述 7 种服务之间的关系进行牌照申请，目前有货币兑换牌照（Money – Changing）、标准支付机构牌照（Standard Payment Institution）和大型支付机构牌照（Major Payment Institution）。

3.《金融服务行业新综合法令建议咨文》

2020 年 7 月，新加坡金融管理局颁发《金融服务行业新综合法令建议咨文》（Consultation Paper on a Proposed New Omnibus Act for the Financial Sector），建议将金管局的监管权力进一步扩展到一些新的重要领域，主要包括：对于落户新加坡的数字资产服务供应商增加核准经营许可证（牌照）的权力，加大对于个人采取金融执法行动的权力，拓展要求企业落实科技风险管理（TRM，Technology Risk Management）措施的权力范围等。

4. 其他法律法规

2017 年修订并实施《证券与期货法》，规定 MAS 会以审查数字代币的特征和结构来确定其是否构成《证券与期货法》（SFA）定义的"资本市场产品"。如果数字代币符合该定义，并且发行人没有取得豁免，则发行人需在发行前向 MAS 登记其白皮书。任何在新加坡运营构成资本市场产品的数字代币相关平台的主体，都可能受到 SFA 管辖，除非平台的主体取得豁免，该主体必须拥有从事相关资本市场服务的许可证。2018 年新加坡修订并实施《财务顾问法》，规定所有提供构成资本市场产品的数字代币相关金融建议的主体必须取得《财务顾问法》（FAA）所规定的提供金融建议服务的理财顾问执照，或者是免执照理财顾问资格。在新加坡建立或运营涉及证券或期货的加密货币交易平台，被视为建立或运营一个市场，相关主体须被 MAS 批准为交易所或者做市者，除非相关主体取得豁免。在境外经营部分或全部交易平台的主体也可能受到 SFA 的管辖。即使是部分不受 MAS 监管的数字代币仍可能受到反洗钱和恐怖主义融资相关法律的管辖。此外，MAS 试图建立一套全新的支付服务规则体系，通过对交易中间方订立准则、控制机制和程序以应对洗钱和恐怖主义融资的风险，包括对客户的尽职调查、报告可疑交易、交易监控和筛选以及保留充分记录等，来解决在虚拟货币和法币之间交易互换中暴露出的洗钱与恐怖主义融资问题。

（二）发展数字银行

1. 开放银行指引

2016 年 11 月，新加坡金融管理局联合新加坡银行协会发布 API 指导手册（*Finance - as - a - Service*：*API Playbook*），提供 API 选择、设计和使用环节的最佳指导，以及 API 的安全标准建议和数据。Playbook 涵盖的标准包括三种：API 标准、数据标准、安全标准。API 标准对 API 架构、开发与部署、授权、版本等方面做了统一规范，以便于在整个行业内形成统一的 API 设计标准，为开发人员提供简易、快捷的使用体验。数据标准对通过 API 传输的数据（消息）语法、语义等进行了统一，为整个开放银行业提供一种通用的交流语言。安全标准则主要被用于保护 API 传输的信息，从而确保客户数据的隐私，涵盖身份认证、加密、授权三块内容。

新加坡金融管理局在 2018 年 11 月主持应用程序接口平台（API Exchange，APIX）的推介仪式，目标是打造一个全球性的开放式、跨国界的平台，撮合亚太地区金融机构和金融科技创新公司进行跨境合作，并为它们提供共同标准的通用 API 以支持新兴市场的金融服务创新和包容性，鼓励金融科技与产业更好地合作创新，推动数字经济增长。

2. 数字银行资质

2019 年 6 月 28 日，新加坡金融管理管局宣布将最多发行五个数字银行牌照，包括两张全数字银行牌照（digital full bank license）和三张批发数字银行牌照（digital wholesale bank license）。其中，全面数字银行牌照只开放给总部设在新加坡、由新加坡人控制的公司，获得该牌照的公司可以提供多元化金融服务，包括为零售客户提供存款服务。而批发数字银行牌照则开放给新加坡或外国公司，但获得牌照的公司只能为中小企业和非零售客户提供服务，资本和流动性规则与现有的批发

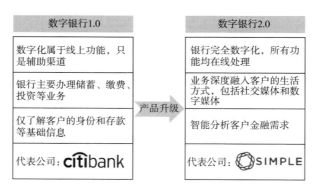

图 1　全球数字银行的迭代①

---

① https：//xw. qianzhan. com/analyst/detail/329/2101051bdae6c5. html.

银行相同，其最低实收资本为 1 亿新加坡元。

2020 年 12 月，新加坡金融管理局公布数字银行牌照申请结果，共有四家公司获得数字银行牌照。全数字银行牌照获得者分别为 Grab、新加坡电信组成的财团、Shopee 母公司冬海集团（Sea Group）的全资子公司。批发数字银行牌照获得者为蚂蚁集团旗下子公司、绿地金融投资控股集团为首的财团。其中，全数字银行牌照只开放给总部设在新加坡、由新加坡人控制的公司，获得该牌照的公司可以提供多元化金融服务，包括为零售客户提供存款服务。

银行牌照授予分阶段进行，第一阶段是受限的全数字银行阶段，银行只能提供简单的信贷和投资产品，新加坡金融管理局将限制存款额度，并禁止其提供结构性票据、衍生品和自营交易等复杂的投资产品。同时，最低资本要求将会降低，仅为 1500 万新加坡元。一旦数字银行证明公司可以管理所涉及的风险，以及公司正在实现其价值主张，则存款和业务限制将会慢慢放松。在确认公司没有任何重大的监管问题，并且认为公司已经满足所有相关的要求，那么公司将升级到第二阶段，即获得全数字银行许可证。届时，所有存款上限都被取消，但必须达到最低 15 亿新加坡元的实收资本。而批发数字银行牌照则开放给新加坡或外国公司，但获得牌照的公司只能为中小企业和非零售客户提供服务，资本和流动性规则与现有的批发银行相同，它们的最低实收资本为 1 亿新加坡元。据称，外国公司也可以与新加坡当地公司设立合资企业，申请全数字银行牌照，但必须符合总部设于新加坡以及由新加坡人控制等条件。

3. 应用区块链技术

区块链将成为未来数字银行的核心技术。新加坡的 Ubin 项目包含探索使用分布式记账技术来建立更透明、更低成本和更具弹性的银行间清算系统，区块链技术有可能成为未来包括数字银行在内整个银行业的基础设施。Ubin 项目与 MIT 合作的子项目将支持区块链技术在数据分析和人工智能领域的应用。新加坡为支持区块链技术试验建立了金融科技创新中心 80RR。ABS 与 MAS 合作加强区块链网络安全措施。

（三）引领金融区块链技术创新

1. 推出区块链加速器

Tribe Accelerator 区块链加速器是新加坡首个由政府支持的加速器。通过为政府机构、初创企业、区块链技术企业和全球行业合作伙伴提供高度互联的平台，来促进区块链应用创新。

目前已成功推动三个项目：Kommerce（可使非洲等边缘市场的商户安全交易的贸易和金融平台）、1exchange（首个建立在公有链上受监管的私有证券交易所）、InfoCorp（一家为新兴市场的畜牧业提供普惠金融服务的金融科技企业）。

SGInnovate 深层技术加速器属于新加坡政府国有，由国家研究基金会和 Ziliqa 公有链协议支持，该加速器为深层次技术的相关初创企业提供资金支持。加速器通过严格的流程选拔、任命共同投资者，向深层次技术初创企业投资。与此同时，SGInnovate 深层技术加速器与初创企业、高校科研院所、新加坡—麻省理工学院研究与技术联盟（SMART），合作建立深层次技术人才数据库，用以帮助区块链金融领域实现人才供需对接。目前，新加坡专利局（IPOS）为区块链专利申请流程提速，申请周期从两年缩短至六个月。

2. 推进央行数字货币项目 Ubin

2016 年，MAS 与来自加拿大的区块链财团 R3 合作推出 Ubin 项目，其目的是探索使用区块链技术（DLT）进行支付和证券清算结算，并最终帮助新加坡在央行数字货币（CBDC）上取得领先地位。Ubin 是新加坡金融管理局开展的数字货币方面的研究项目，其研究目标是探索区块链技术在数字货币、跨境跨币支付、券款对付、银行间交易、多生态商业应用等领域中的应用，最终目标是打造基于区块链的新型清算结算基础设施生态系统。

Phase 1:
Digitalising
the SGD

Phase 2:
Domestic
interbank
transfer

Phase 3:
Delivery versus
Payment on DLT

Phase 4:
Payment versus
Payment for
cross-border
settlement

Phase 5:
Target
operating
model

Phase 6:
Cross-border Dvp
and Payment
versus Payment

图 2　Ubin 项目的六个阶段①

如图 2 所示，Ubin 项目共分为六个阶段：第一阶段数字化的新加坡元（SGD）；第二阶段国内银行间交易；第三阶段将 DLT 技术运用于付款交割（DvP）；第四阶段跨境结算的对等支付（PvP）；第五阶段目标运营模式；第六阶段跨境的付款交割和对等支付。2020 年 7 月，新加坡金融管理局与淡马锡（Temasek）发布《Ubin 项目第五阶段——实现广泛的生态系统机遇》专题报告，标志着 Ubin 项目对基于区块链技术的支付网络的商业可行性和价值进行了验证，也测试了其与商用区块链应用的集成能力，第六阶段的技术研发将围绕交易和结算

① https：//www.chainnews.com/articles/253006822123.html.

展开。

3. 举办金融科技节和区块链挑战赛

由新加坡官方举办的"金融科技节"是全球规模最大的金融科技盛会，合作举办方包括 MAS、银行协会和 SingEx Holdings。2019 年的"金融科技节"吸引了 6 万名参与者和近 1000 家参展商，并且全球前 50 大银行均参加了该活动。2018 年初，IMDA 首次发起区块链挑战赛，主办方提供种子资金以支持创新想法超越概念阶段、开发原型并寻求技术解决方案的最终实施[①]。目前，挑战赛已进行了三轮，成功推动了如 Tradebchain 与 Finaque 共同开发的旨在简化供应链融资的无钥匙签名基础架构、Distributed Ledger Technologies 开发的国际贸易私有链信任网络区块链金融创新项目。区块链挑战赛还促进了区块链商业合同条款的规范化，并帮助政府明确了很多监管和法律领域的未知问题。

（四）完善数字金融监管

目前，世界各国对于金融科技监管态度不一。新加坡金融

---

① 张雪：《2019 年新加坡金融科技节开幕》，2019 年 11 月 14 日，北国网，http：//intl. ce. cn/sjjj/qy/201911/14/t20191114_33611571. shtml。

管理局则讲究平衡、谨慎和相对开放，处于监管天秤的中间，并在重点领域制定政策措施，主要包括监管沙盒（Regulatory Sandbox）政策、区块链与虚拟代币监管政策、人工智能与数据分析应用监管原则等。

1. 监管沙盒政策

新加坡金融管理局于 2016 年推出监管沙盒政策，提出了金融科技产品的"监管沙盒"。对于获批沙盒申请的企业，在沙盒期间新加坡金融管理局会放松对该企业的特定法律和监管要求。在沙盒内的金融科技公司在事先报备的情况下，新加坡金融管理局可以允许其进行和现行法律法规相冲突的、须在获得牌照的前提下开展的业务，给包括虚拟代币企业在内的金融科技企业提供良好的创新环境。截至 2018 年底，已经有超过 150 家公司获批沙盒申请。2018 年底，新加坡金融管理局发布了《沙盒快捷通道》（*Consultation Paper on Sandbox Express*）的提案，这项提案适用于风险较低或风险已知的业务，其中包括：汇款业务（Remittance Business）、保险经纪（Insurance Broking）和受认证的市场运营者（Recognized Market Operators，RMO）。针对涉及以上三种业务的金融科技公司，新加坡金融管理局把沙盒整个审批流程缩减到了 21 天内，并且将审核标准缩减至两点，即金融服务的科技创新程度（Technological innovativeness of the financial service）和对于申请者的主要利益相关者是否合适（Fitness and propriety of the applicant's key stakeholders）。

2. 虚拟代币监管政策

2018 年底，新加坡金融管理局发布《数字代币发行指南（2018 年版）》（*A Guide to Digital Token Offerings*），对虚拟代币 ICO 行为做出监管指引。新加坡金融管理局将虚拟代币分成支付型虚拟代币（Payment Token or Virtual Currency）、实用型虚拟代币（Utility Token）、证券型虚拟代币（Securities Token）三类，并且对不同类型的虚拟代币实施分类监管。总体上说，新加坡对虚拟代币采取相对开放和宽容的监管态度。

3. 鼓励区块链行业协会履行自律职能

在新加坡，区块链行业协会有加密货币与区块链行业协会（ACCESS）、代币经济协会（TEA）、金融科技协会（SFA）等。行业协会不仅致力于技术交流与创新，还承担一定的监管职责。例如 2014 年 ACCESS 成立，其遵循负责任使用和适当监管的原则，促进 DLT 和数字货币应用程序的研发和使用，并且 ACCESS 加入了国际数字资产交换协会（IDAXA），与澳大利亚、韩国、日本、中国香港以及中国台湾的相关组织开展合作。

4. 人工智能与数据分析应用的监管原则

2018 年 11 月，新加坡金融管理局发布多项关于人工智能与数据分析（AIDA）的应用原则，以确保在金融领域使用人工智能和数据分析的公平性、可问责性以及道德规范和透明度。2019 年初，新加坡个人数据保护委员会提出《人工智能监管框架范例》（*Model AI Governance Framework*）。该框架范例旨在促进人工智能的使用，建立消费者信心，并为人工智能提供个人数据。该框架范例对人工智能的使用原则做出了规定，要求 AI 做出的决定应该是可解释的、透明的、公平的；人工智能系统应该是以人为中心的（human-centric）。为落实上述原则，该框架范例对内部治理结构与措施、运营管理、人工智能决策中的风险管理、用户关系管理等做出进一步规定。

三　经验与问题

（一）经验

1. 统一框架下的综合监管

新加坡目前实行高度集中的金融监管体制，即以金融稳定为目的，以风险监管为手段，由新加坡金融管理局统一实施金融监管、货币政策与促进金融市场发展的职能。新加坡金融管理局董事会下设管理办公室，该办公室负责协调三大职能板块：（1）金融监管，包括资本市场、银行与保险、政策制定与风险监控等；（2）市场发展，专设了金融发展署；（3）货币政策与投资及发展国际金融中心，新加坡货币政策以汇率政策为主，采取有浮动的汇率管理机制，专注于国内物价稳定。

2. 金融监管理念的"预应性"转变

从规制导向转向"从旁监管"，新加坡的金融监管主张体现为三点：（1）监管应在金融发展（求创新/效率）和金融监管（求安全/稳定）两者之间取得平衡；（2）金融市场是自发、有活力的，有时也会运作失灵，所以需要强化监管，但是政府不会主导市场的发展；（3）保持监管制度、规则的连贯性和稳定性。

3. 宏微观审慎监管的配合

新加坡金融管理局具有较高的权威性和独立性，其使命是促进持续性、非通货膨胀的经济成长，发展一个健全与先进的金融中心。其货币政策与监管政策有机配合，一方面通过名义有效汇率使通胀预期锚定，另一方面针对资产价格采取审慎监管政策，如房贷偿债率、房债、印花税限制等，此外还在通胀指标中纳入自住房屋的租金监测。

4. 差异化的监管策略

新加坡金融管理局将银行业划分为全面执照银行、限制执照银行和离岸银行三类，并实施分类监管。在 28 家持全面银行执照的银行中，有 10 家持特准全面银行执照，如汇丰、工行、中行等，可以在设立分支机构、业务开办等方面享有宽松政策。金融管理局会针对每家银行的不同牌照及业务特点、风控水平、规模而设定不同的监管要求。以 ACF（Adjusted Capital Fund）为例，金融管理局对银行的资产负债表分为 ACU

（Asia Currency Unit）项下和 DBU（Domestic Banking Unit）项下两种不同模式监管；原则要求 ACU 项下系统内净资金必须为正，以评估总行对分行的支持度。

5. 监管原则及规则的体系化

围绕"风险导向"的金融监管目标，新加坡金融管理局设定了 4 项基本监管原则，一是注重与利益相关者的合作；二是注重风险为本；三是亲商，即采取市场咨询方式，以促进市场创新与活力；四是注重信息披露。为规范和引导"风险为本"的监管行为，金融管理局细化了 12 项配套规则，例如亲商原则，即要求在监管的同时，注重建立健康的市场竞争环境、推动金融运营效率及创新性，提倡监管与被监管者之间的"磋商式"监管方式，注重将新法令、法规可能带来的负面影响降到最低。

（二）问题

1. 对老年群体渗透不足

青年是新加坡使用数字银行服务的主力，《Visa 消费者支付态度研究》（Visa Consumer Payment Attitudes Study）调查显示，数字银行服务在新加坡老年群体（56 岁以上）中的渗透率仅为60%，40%的老年人在"断路器"期间没有使用过数字银行，不熟悉相关操作是阻碍老年人使用的主因。新加坡是世界上预期寿命很高、生育率很低的国家，忽视老年群体将成为未来该国数字银行发展的重大问题。

2. 数字银行牌照申请者对合规重视程度不足

新加坡对数字银行实行监管先行的发展策略，2019 年提交申请的 21 家财团中只有 14 家达到了最低资格标准，这表明相当数量的竞争者对合规工作和监管报告的重视程度不足。

3. 数字银行服务普及难

进一步普及数字银行服务存在以下 3 个问题：（1）转换倾向，根据普华永道的调查，在开设数字银行账户后，有99%的新加坡银行客户仍保留其现有银行账户，其中67%把现有账户作为主要账户；（2）情感需求，新加坡银行客户虽然乐于使用自助服务，但当涉及财富管理、紧急状况（卡遗失或欺诈）、抵押、保险等业务时，超过半数的客户仍期望进行面对面的互动；（3）信任问题，34%的新加坡银行客户不信任数字银行的数据安全性，33%的客户不信任数字银行财务的稳健性①。

4. 金融科技人才缺口大

根据 Michael Page 发布的《2019 年金融科技就业报告》，94%的受访新加坡金融科技企业认为自身面临金融科技人才的严重短缺，64%的雇主表示在招聘这类人才时遇到困难。相关人员频繁跳槽也是问题之一，37%的受访金融科技专业人士表示在过去 12 个月内更换过工作。随着数字银行即将开始经营，以及传统银行加速转型，新加坡金融科技行业对相关人才的需求将进一步扩大，人才短缺问题会更为严重。

5. 区域内监管的不确定性或将削弱新加坡区块链金融中心的地位

安永和普华永道的调查都显示，监管复杂性和不确定性是目前区块链推广应用的最大障碍。区块链的去中心化架构，特别是公有链，对国家法律、政治、社会和经济具有重大影响，导致各国监管机构对此态度不一。东南亚地区区块链监管水平

---

① 原瑞辰：《新加坡打造全球数字金融中心，中资数字银行跨国战略布局的关键机遇》，《走出去智库》，2020 年 10 月，https：//user. guancha. cn/main/content? id = 403616&s = fwzxfbbt。

参差不齐、立法缺乏协调，新加坡、泰国都已将 ICO 合法化，马来西亚、越南和菲律宾也在积极跟进相关政策，而老挝、缅甸、柬埔寨、文莱和东帝汶的相关法规却极为欠缺。政策方面的高度不确定性会影响以新加坡作为总部的区块链金融企业国际化经营战略的实施。

6. 中小金融机构的数字化转型面临较高不确定性

中小金融机构存在缺乏数据积累、缺少技术人才、组织结构陈旧、获客渠道单一等问题。这些因素导致未来中小型金融机构区块链技术金融应用的前景充满不确定性，可能限制新加坡区块链金融生态内的竞争与创新。

7. 数据保护与数据共享矛盾凸显

区块链采用分布式记账，交易数据在各节点处都有拷贝，一旦某个节点被攻破，就可能导致全局交易数据失窃；金融行业的数据传输、存储和处理需要满足严格的监管要求，这可能与区块链共享账本的需求存在矛盾。

8. 现有区块链系统处理效率面临挑战

Ubin 实验室中测试的业务数据量同实际区块链金融业

务的数据量相比还存在较大差距，而随着 5G、物联网对金融领域的赋能，数据量还将持续增加，对交易响应速度的要求将会更高。系统效率将直接决定区块链在金融领域的应用潜力，对 Ubin 项目第六阶段的大规模商业推广至关重要。

四　对我国城市发展数字经济的启示

新加坡金融科技的发展由政府政策以及行业生态主体创新共同驱动，其在政策支持、监管方式、技术创新等方面的经验值得借鉴。

第一，新加坡政府支持是其金融科技发展的重要助推器。2015 年，新加坡政府投入 2.25 亿新加坡元推动《金融领域科技和创新计划》执行，鼓励全球金融业在新加坡建立创新和研发中心。政策的支持为新加坡金融科技的发展提供了保障，这也使得新加坡成为全球金融科技最活跃的地区之一[1]。

---

[1]　胡渊文：《新加坡金管局未来三年投 2.5 亿元 加快金融科技创新发展》，《联合早报》，2020 年 8 月 14 日，https://www.mpaypass.com.cn/news/202008/13221741.html。

第二，数字代币实现分类监管和独立监管。新加坡监管层对数字代币实行分类监管，例如证券型代币适用于《证券期货法》与《金融咨询法》，支付型代币适用于《支付服务法案》，应用型代币目前尚不受监管；对数字银行，则进行独立监管。监管模式的创新既保证了风险底线，又为创新留下了空间。

第三，制定审慎监管要求，覆盖数字金融业务。严格落实持牌经营，严厉打击"无照驾驶"。对于新型数字金融服务提供商，建立符合其特点的审慎监管框架；对于传统金融机构开展或者合作开展的新型数字金融业务，加强监测、及时规范，根据其风险特征，及时优化或者增设审慎监管指标；对于同时提供多种类金融产品和服务的新型数字金融服务提供商建立风险隔离要求。将监管范围扩展至第三方科技供应商，尤其是具有系统重要性影响的机构。

第四，新加坡基于区块链技术的数字代币已经走在世界前列。我国数字货币正处于试点阶段，其 Ubin 项目分阶段实验模式可以借鉴。从新加坡的经验看，区块链技术目前主要应用于清算结算环节，并逐渐向场外市场和交易环节延伸，其他领域应用有待探索。

第五，研究新型数字金融服务相关的风险处置机制。一是建立业务恢复和风险处置框架，包括持续升级网络风险应对框架，开展网络风险定量评估，监测识别并修复关键漏洞，建立金融部门应急计划和对关键业务的恢复与处置计划，确保关键数字金融服务提供商能够在相应的法律（或破产）框架下进行有序清算或处置，确保关键功能不中断。二是重新审视"去中心化"背景下金融安全网的有效性，部分金融业务已经转移至传统银行体系外，金融管理部门需要重新审视金融安全网要素的作用，如央行如何发挥最后贷款人角色、存款保险的覆盖范围、系统性金融科技公司的界定、危机管理和处置机制等。

第六，加强跨部门和跨境合作。一是加强金融管理部门和其他政府部门之间的合作，金融科技的发展涉及安全、竞争、消费者保护、金融稳定等政策目标，应加强金融管理部门与其他管理部门之间的协调和合作。二是加强监管跨境合作，数字世界无国界，金融科技创新大多具有跨境性质，各国对金融科技监管规则不一容易导致监管空白和套利，需要加强跨境监管合作和司法合作，加大对违法违规跨境金融科技活动的打击力度，维护各国金融秩序稳定。

新型智慧城市建设的 GIS 路径探索

辛亚芳[*]

辛亚芳[*]

一 新型智慧城市与 GIS

在数字化转型升级的新时期，加快数字化发展、建设数字中国成为信息化领域的重点任务，新型智慧城市正是数字中国建设的重要组成部分。

中国信息通信研究院发布的《新型智慧城市发展研究报告（2019 年）》指出，我国智慧城市建设经历了三个阶段。第一阶段为 2008～2012 年，以智慧城市概念导入为阶段特征，各领域分头推进行业数字化、智能化改造，属于分散建设阶段；第二阶段为 2013～2015 年，以智慧城市试点探索发展为阶段

* 辛亚芳，北京超图软件公司智慧城市中心技术支持总监。

特征，在智慧城市部际协调工作组指导下，各业务应用领域开始探索局部联动共享，智慧城市步入规范发展阶段；第三阶段为 2016 年启动至今，智慧城市发展理念、建设思路、实施路径、运行模式、技术手段等全方位迭代升级，进入以人为本、成效导向、统筹集约、协同创新的新型智慧城市发展阶段。

新型智慧城市，是数字化时代贯彻新发展理念，将新一代信息技术与城市规划、建设、管理与服务工作等深度融合，通过数据资源的融合共享与开发利用，以实现"为民服务全程全时、城市治理高效有序、数据开放共融共享、经济发展绿色开源、网络空间安全清朗"的主要目标。从技术角度来看，新型智慧城市建设的核心基础即数据开放与共融共享，需要充分发挥数据资源和数字技术对政府、经济、社会等领域的促进带动作用，以数字化转型整体驱动生产方式、生活方式和治理方式变革。而当前许多区域在推进新型智慧城市建设过程中，仍存在数据碎片分散、不互通、难关联、难分析等瓶颈。

中国工程院院士刘经南提出，人有智能是因为有时间、空间的感知能力，进而依据需要作出决策，并实现在精确的位置、精准的时刻，对目标、对象或事件实现调控。如果让万事万物都具备精准的时空定位感知能力，并对变化场景或状态等进行适应性调控，我们就使万物具备了类人的智能，人类社会就将进入智能时代。

在新型智慧城市建设方面，引入时空定位能力、空间可视化能力与空间分析能力，基于统一的时空基准构建数字孪生城市的基础框架。在此基础上，以空间位置、时间为纽带，汇聚融合城市历史、现状、规划等各类空间数据，城市多部门政务专题数据，城市物联感知数据等，并提供基于空间的数据融合共享能力、空间可视化服务能力、空间分析能力等，推进城市发展智慧化，是新型智慧城市建设的有效途径。与此同时，在城市信息化建设的多个领域，也需要统一的空间基础信息平台来支撑应用，如自然资源和规划领域的国土空间基础信息平台、环保领域的环保一张图、水利领域的水利一张图等。

按照集约共享的思路，笔者提出"一平台、泛场景"的新型智慧城市建设框架（见图1）。"一平台"，即统筹多行业对空间信息的共性需求，建立以空间为载体的、区域统一的数据中台（即时空大数据平台，以下简称"平台"），并提供数据汇聚融合、共享服务与挖掘分析等能力，为城市信息化应用提供随需应变的资源服务；"泛场景"，即围绕城市规划、建设、管理、服务等多领域的信息化应用，以统一的数据中台支撑场景化应用，通过平台的数据共享服务带动各领域信息化建设，通过平台的数据挖掘分析辅助城市发展决策。

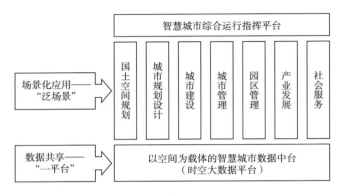

图1　智慧城市综合运行指挥平台

二　"一平台"建设

　　基于统一的时空框架，集成城市地上地下、室内室外、二维三维的时空基础数据，集成城市规划、国土、建设、环保、气象、交通以及人口、法人、宏观经济等专题信息，集成物联感知信息等，形成虚实一体、地上地下一体、室内室外一体、二维三维一体、静态动态一体的覆盖城市全空间的大数据资源池。在此基础上，构建集数据汇聚融合、数据共享服务、数据挖掘分析等能力于一体的时空大数据平台，保证数据进得来、出得去、用得好（见图2）。

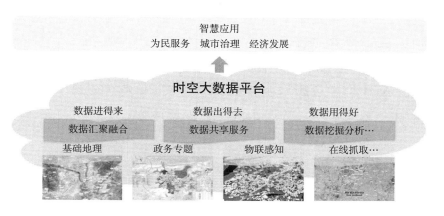

图 2 时空大数据平台

（一）数据汇聚融合

按照"采治融用"的数据治理体系，将需要整合的时空基础数据、政务专题数据、物联感知数据、在线抓取数据等，通过数据汇交、实时备案、共享交换、在线调用、互联网获取等多种方式进行采集汇聚。接着按照统一标准进行数据清洗治理，解决数据离散、不标准、质量差等问题。然后围绕数据关系、业务应用场景等，建立数据之间的关联关系，形成数据融合库，解决数据不关联、难应用的问题。最终按照统一的数据资源目录进行存储管理，形成标准统一、相互关联的时空大数据一张图。

（二）数据共享服务

结合不同层次用户需求，提供多样化的服务模式，包括在线应用、在线服务、在线定制、共享交换等。

1. 在线应用

针对普通用户，基于平台汇聚融合的时空基础数据、政务专题数据、物联感知数据等各类数据，通过在线门户，提供数据资源统一展示与应用。支持二维三维、静态动态、历史现状等各类信息资源的可视化叠加、查询、对比分析、统计分析等，支持常用的二维分析、三维分析、大数据分析等应用，支持单值图、热力图、聚合图等专题地图的定制。

2. 在线服务

针对开发用户，依托服务资源池中提供的标准数据服务、二维地图服务、三维地图服务、地理实体服务、地理编码服务、物联感知数据服务、在线抓取服务、专题信息服务、平台管理服务等，提供服务资源检索、预览、申请、开发示例等内容。

3. 在线定制

针对个性化需求用户，提供数据定制、数据托管等服务，用户可基于现有的数据成果，定制所需的数据、形成自己的工作底图，或按需创建/编辑自身的业务数据、委托平台进行统一管理，并结合平台的功能进行个性化分析处理等，以满足日常工作的需求。同时，平台还提供智能组装服务等，用户可基于现有的数据、功能成果，选择所需的数据、功能等，形成满足日常工作的应用系统。

4. 共享交换

针对共享交换用户，结合不同类型资源的交换需求，提供空间数据汇聚交换、文档型数据汇聚交换、数据库汇聚交换、服务汇聚交换等多种交换手段，支持其他系统成果在平台的汇聚融合，并支持以服务方式在平台服务资源池对外提供服务。

（三）数据挖掘分析

平台以信息资源整合和利用为核心，将 DIKW（数据、信息、知识、智慧的金字塔层次体系）同时空信息的认知与决策体系相结合，构建实体库、指标库、规则库、模型库四库进阶的数据应用体系，充分挖掘数据价值——通过构建多源数据融合的实体库，形成城市信息集成的数字化基底；面向城市各领域，构建指标库，反演城市体征，掌握发展状态与规律；结合业务知识，将城市运行规律与经验数字化，形成规则库，科学分析研判；在此基础上，针对具体问题，构建模型库，通过模拟预判发展态势，优化资源配置。围绕公共服务设施要素配置问题，可结合目前已有的公共服务设施的空间位置，分析判断当前公共服务设施承载力以及能够服务的覆盖范围；结合公共服务设施配置的相关规范要求，结合人口、建筑物面积等信息，综合判断公共服务设施配置是否满足要求，是否需要新增配置，需要在哪些区域增加等。

三 "泛场景" 建设

基于平台的数据融合共享能力、空间可视化服务能力、空间分析能力等，围绕城市规划、建设、管理、服务等领域提供智能化能力，拓展智慧城市应用的广度与深度。

1. 城市规划方面

为保障国土空间规划体系的建立与实施监督，可基于平台整合各类所需的空间关联数据，应用大数据思维和技术方法，围绕规划编制、实施、评估的全过程，形成基于一张图的国土空间规划编制、实施、管控、预警评估和服务，助力一张蓝图干到底。在规划编制环节，可结合存量用地挖潜分析、公共服务设施分析、产业发展分析等专业分析评价模型，对区域产业发展、公共服务设施配置等情况进行综合评价，为规划编制工作提供数据与信息支撑；在实施环节，根据用地性质、周边配套设施、地价情况等条件筛选符合要求的地块信息，为项目用地要素保障提供支撑。

2. 城市建设方面

可基于平台，汇聚融合 BIM、物联感知等相关数据，与工程现场实时互联，实现项目报建、施工进度管理、质量安全管理、竣工交付信息等全生命周期数字化监管。如在施工进度管理方面，可借助施工日志、现场视频、无人机监控等，将实际进度与计划进度进行对比，提前发现异常并分析处理，保障工程按期完成。

3. 城市管理方面

可基于平台，按照网格化管理思路，把空间划分成不同的网格，并安排相关责任人，对城市片区进行精细化管理。同时，可汇聚融合城市各类基础设施，集成各类动态监测数据，如道路、桥梁、管线、井盖等，结合移动 App 动态巡检等，动态监控基础设施位置及状态，精准管理与维护。整合社区人、地、事、物、情等管理要素，通过以房管人、社会事件管理、在线服务等，实现社区"信息掌握到位、矛盾化解到位、治安防控到位、便民服务到位"的管理格局。通过工作人员、社会公众动态发现城市运行过程中的问题，如城市市容环境、宣传广告、施工管理、突发事件、街面秩序、社会治安、城市文明等方面的事件，实现对城市运行状态的动态监控、对城市管理问题的及时发现与处置。实现城市运行状态从宏观到微观全方位的信息支持，形成平战结合的运行模式。

4. 园区管理方面

可基于平台，汇聚融合园区发展定位、发展时序、重大项目等信息，建立园区数字名片，使其成为园区对外宣传的数字化窗口；汇聚融合园区各类基础设施资源及招商资源，辅助实现精准招商；汇聚融合园区核心企业的纳税信息、能耗信息等，为分析企业发展潜力等提供数据与信息支撑。

5. 社会服务方面

可基于平台，通过大数据分析人口结构、基础设施分布、交通运行动态、环境运行动态等，动态掌握教育、医疗等公共资源的服务能力、交通通达度、环境适宜度等，为社会公众提供精准高效的服务。

四　联合推进

新型智慧城市建设是一个长期性、系统性工程，需要联合产学研机构，共同构建新型智慧城市生态圈（见图3）。从分工角度看，主要包括数据提供者、业务研究者、技术研发者以及运维推广者。其中，数据提供者，即数据拥有方，一般是各级政府部门以及相关的大数据供应商，如运营商等；业务研究者，主要围绕业务方向、思路等方面进行研究，一般是相关高校及科研院所；技术研发者，即负责新技术的研究、预演以及产品研发，以支撑整个体系的落地；运维推广者，即负责建设过程及建成后的运维与运营，主要涉及一些相关系统运维及运营推广单位等。

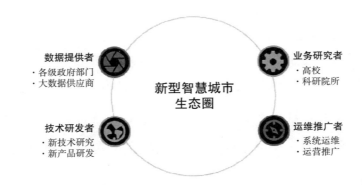

图 3　新型智慧城市生态圈

"村居直供" 云平台　助推智慧化城乡

宾春宇 *

"村居直供" 云平台助推智慧化城乡，工农互促，城乡互促，城乡繁荣，这是智招网提出来的建设智慧中国的创新实践。

一　挑战与机遇

百年未有之大变局中育先机、开新局、创伟业。当前，全球自然灾害和公共安全导致世界粮食危机，新冠肺炎疫情的出现，更使食品安全和降低溯源成本等问题亟待解决；国际环境日趋复杂，我国处于重要战略机遇期，人民对美好生活的向往

---

* 宾春宇，智招网联合创始人。

需要提升生存及生态质量；国家全面实施乡村振兴及数字乡村发展战略，新发展格局下畅通内循环需要重构产业格局。

为了促进区域均衡发展和缩小城乡差距，中央先后出台了一系列政策。党的十九届五中全会提出优先发展农业农村，全面推进乡村振兴，坚持把解决好三农问题作为全党工作的重中之重。习近平总书记强调要让居民望得见山，看得见水，记得住乡愁。民以食为天，农村稳则天下安，农业兴则基础牢，农民富则国家盛，保障粮食安全对于中国来说是永恒的课题，饭碗要端在自己的手里，把粮食装在自己的仓里。党和国家出台了一系列促进城乡融合发展的文件，如国务院印发了《关于建立健全城乡融合发展体制机制和政策体系的意见》、《乡村振兴战略规划 2018 – 2022》和《数字乡村发展战略纲要》等文件，在此背景下智招网提出了"村居直供"云平台建设。

二 "村居直供"云平台建设

"村居直供"云平台通过建设数字化村居，统筹城乡融合发展，拉动了农副产品进城和工业产品下乡，在发展数字经济，培育新型农民，深耕智慧农业，建设美丽农村，促进乡村振兴，助推富农惠民，保障粮食 + 食品 + 种子 + 生态全链安全等方面进行了创新实践。

"村居直供"云平台不是传统意义上的农村电商，而是基于新基建"卫星通导遥＋安全数据仓＋三维码"的新应用；不是传统电商的产品销售，而是基于"国内循环＋数字经济"的产品匹配和产业重构的新业态；不是利用传统的互联网，而是基于"卫星物联网＋5G＋VR/AR"等新技术的自给自足新模式（见图1）。

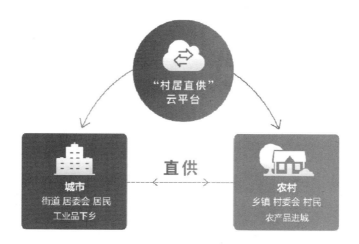

图1　"村居直供"云平台直供模式

（一）主要思路

村委会对应居委会，农村村民对应城市居民，共建村居联合体；就地就近实行一对多、多对一精准供应，即使遇到公共灾害，该系统也可以照常运转。农村的村委会把控粮食的产量、质量、去向；城市的居委会了解食物的需求量、品类、来源；从全体居民的角度来看，大家知道自己需要什么，需要多少，谁来提供，自己拥有什么，能干什么，供应给谁，平台采用高新技术采集 + 云端智慧匹配 + 就地就近供应的运营模式。

（二）基本原则

本着就地就近 + 最适合、自给自足 + 全国调配、自运转 + 自调整、自力更生、自食其力、自护自救、自给自足、自强不息、自由自在、自得其乐的基本原则进行"村居直供"云平台建设。

（三）方式方法

一方水土养一方人，本地人吃本地产品更有利于健康。每个家庭成员利用村委会/居委会标配的高科技设备如诊断镜、手机等，定期测量自己的身体指标，评估健康状况，后台结合当地气候条件、生态环境、粮食品类制定最适合个人及家庭的科学食谱，调整膳食结构，实现科学饮食。根据食谱确定食材，根据食材确定种养品种、数量及质量，优化按需种养，匹配相关技术，丰富土壤养分，提高产量和质量，保障食品安全和百姓身体健康。

（四）预期目标

1. 粮食物资自给自足，食品安全得到保障

本着"就地就近 + 自给自足 + 最适合 + 高科技"的原则，对基本粮食和物资的生产与供应进行科学布局，按需匹配。通过高科技工具，建设智慧农业，优选品种，修复土壤，提质增效，以实现加固农业基础，保障粮食 + 种子 + 食品 + 生态全链安全。本地产量的40% ~ 80%满足本地城乡居民自给自足及应急储备，剩余20% ~ 60%的产量本着就近原则供应全国及全球调配，保证粮食安全，并满足个性化需求（见图2）。

以源头控制和过程监管为重点，通过县、乡、村"三级联动"，减少农药化肥用量，提升食品质量，保障人民群众"舌尖上的安全"。

2. 就地就近安居乐业，实现更高质量就业

居民有工作有收入，才会消费，经济发展才有基础，保就业民生，是维护经济发展和社会稳定的需要。通过"村居直供"平台，响应中央"稳就业"号召，创造就业岗位，提升农

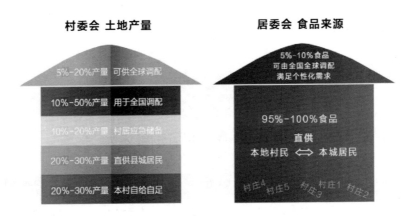

图 2　粮食物资自给自足

民收入，可以实现 90% 的城乡居民就地就近就业，创业增收。解决居民离乡背井大迁移所导致的能源浪费；让留守儿童和空巢老人，感受到老有所养、幼有所教的家庭温暖；帮助返乡留乡的农民工、大学生、退伍军人创业谋发展。

3. 产业结构更加合理，城乡区域平衡发展

通过产业结构合理化，完善本地产业链、供应链、价值链，实现各部门的协调联动和人口、资源、环境的良性循环，使生产要素得到最佳组合，推动产业基础高级化，提高产业结构效益，提升经济发展后劲，满足社会有效需求，促进经济社会可持续发展，进而通过全国产业结构的科学布局，把工厂开到家门口，缩小城乡区域发展和收入分配差距，实现区域间的

平衡发展。

4. 脱贫不返贫，富农又惠民

"村居直供"消除了传统销售的众多中间环节，村民的收益提高，居民的采购成本降低，更多农民返乡创业，土地不再荒芜，充分保障全国人民的米袋子、菜篮子、肉盘子。

5. 建设智慧农业，培育新农人

借助"村居直供"云平台的"云课堂"全天候培育新农人，利用先进技术，建设智慧农业，藏粮于技，提升农业附加值，降低务农辛苦程度，让更多的"农二代""农三代"愿意当农民、种土地。

大数据链接城市美好未来

郑光魁[*]

　　近年来，铜川抢抓西部大开发形成新格局和黄河流域高质量发展机遇，协同打造渭北区域中心，区位优势进一步增强，高质量发展迈出了新步伐。铜川市高度重视数字经济的发展，在航天科技产业、工业互联网建设、数字经济产业园、智慧文旅、e健康、雪亮工程等领域取得了丰硕成果，智慧城市建设成绩斐然。2020智慧城市论坛在铜川举办，可谓天时、地利、人和俱全。

　　2020年10月14日，习近平总书记在深圳经济特区建立40周年庆祝大会上的讲话中明确指出，要创新思路推动城市治理体系和治理能力现代化，推动城市管理手段、管理模式、管理

---

* 郑光魁，人民网·人民数据（国家大数据灾备中心）总经理。

理念创新，让城市运转更聪明、更智慧。这一重要论述为深圳、为铜川，也为所有城市，进一步应用大数据等新一代信息技术、推动智慧城市建设指明了方向。随着新型基础设施建设国家战略的加快推进，数字经济和智慧城市建设迎来黄金时期，大数据、"数字红利"将更加惠及民生，并为常态化的疫情防控贡献更大力量。

作为中央重点新闻媒体，人民网积极响应党中央媒体融合发展战略要求，广泛应用5G、大数据、云计算、物联网、区块链、人工智能等信息技术革命成果，并将媒体融合的创新成果不断应用到社会现代化治理体系的建设中。人民网·人民数据（国家大数据灾备中心，以下简称"人民数据"）作为人民网旗下"党管数据"的理论和实践平台，致力于构建全方位的大数据运营生态系统。最近中央有关部门批准了人民数据承建国际离岸数据中心、中国卫星应用数据中心，通过党和国家社会数据转换的快捷通道，实现国家全域大数据安全，精准服务于党的"科学执政、数据执政、智慧执政"理念。作为大数据领域中的"国家队"，人民数据着力落实党中央的媒体深度融合发展战略，全面整合数据资源、构建大数据运营生态系统，使大数据更加便捷、高效地服务于经济社会发展、智慧城市建设。

　　下文以大数据赋能智慧城市视角，从智慧城市建设现状、大数据助力智慧城市建设中存在的问题以及人民数据在智慧城市建设中所做的努力三个方面展开讨论。

一　智慧城市建设现状

　　数据显示，目前我国有 290 个城市入选国家智慧城市试点，意味着中国 1/3 的城市开始建设智慧城市。95% 的副省级以上城市，83% 的地级市，总计超过 500 个城市在政府工作报告或"十三五"规划中明确提出建设智慧城市。2020 年是"十三五"规划的收官之年，也是"十四五"规划的启动之年，国家密集出台了多项政策，予以引导和支持，智慧城市也逐步迈向高质量建设发展阶段。

　　2020 年 3 月 31 日，习近平总书记在考察杭州城市大脑运营指挥中心时指出，通过大数据、云计算、人工智能等手段推进城市治理现代化，大城市可以变得更"聪明"。从信息化到智能化再到智慧化，是建设智慧城市的必由之路。大城市变得更"聪明"的过程，就是大数据发挥作用的过程。

二 智慧城市项目建设落地过程中存在的问题

（一）基础建设不够完善，各方协同水平较低

此轮新冠肺炎疫情发生，在疫情防控过程中，一些地方政府的垂直政府体系感知不灵敏，响应不及时，信息传导不畅通，严重依赖打电话、发传真等传统信息沟通手段，信息上线延迟，影响了地方政府数字化治理能力。以上问题在疫情期间造成了防疫信息上送下达和疫情防控的混乱，这些问题需要引以为戒。

（二）数据融合难，呈现"数据孤岛"现象

智慧城市的建设涉及到能源、交通、医疗等方方面面，为了更好地发挥大数据的作用，需要在平台上对数据进行及时的更新与共享，实际过程中却面临着一定困难。比如，城市建设各部门因为各系统独立建设、条块分割，导致智慧城市建设缺乏科学有效的信息共享机制，导致形成"数据孤岛"，不利于智慧城市基础数据库的建设。

（三）缺乏统筹协调，建设和利用效率不足

为了使大数据在建设智慧城市中发挥作用，相关部门已经开始建设数据资源库。在实际的建设工作中有脱离实际情况的现象，如没有考虑是否满足人的需求、与城市自身发展定位是否吻合以及能否解决发展中的瓶颈问题等。部分地区一窝蜂地搞"云平台""物联网"等巨额投资的信息化工程。县里建，市里建，甚至村里建，上下不连贯，建设和利用效能方面上下缺乏统筹规划，对于整个智慧城市的发展相当不利。

（四）数据量过大，数据分析精准化有待提高

大数据是智慧城市建设的基础，城市中各项数据量急剧增加，对城市数据存储、整理及运营带来巨大挑战。例如公安部门调查一些案件时，需要调取监控，可以选择的监控录像非常多，然而从不同的监控调取的视频很多都是重复的，需要为那几秒钟的视频片段花费大量人力、物力、财力，这对于监控调取、察看以及整理是非常大的挑战。

三　人民数据在智慧城市建设中的积极实践

人民数据的多条重要产品线在智慧城市建设中已经落地应

用，并着力拓宽数据应用的广度、深度，提升数据运用的智能化水平。通过打造共建共享共治的现代化综合服务体系，助力智慧城市建设。以下介绍人民数据在推动智慧城市建设方面的积极实践。

（一）投资建设国际离岸中心，为党管数据探索新技术、新路径

2020 年 10 月，人民数据在海南洋浦经济开发区投资建设国际离岸数据港项目获批，这是自贸区中唯一的国家级国际离岸数据港，是离岸数据的存储中心和运营中心。海南省国家国际离岸数字中心的三大定位为：一是建设国家级离岸数据安全共享特区，打造国家级离岸数据开放实验区、国内外数据资源融合集散地、大数据创新应用示范区；二是打造大数据创新示范中心和产业孵化中心，打造一站式专业化创新成果孵化培育服务体系；三是建设国家级数字产业集聚中心，聚集国内外龙头企业和创新型信息科技服务机构。离岸数据存储中心的建设，优化了大数据存储基础设计，是党管数据迈向国际管理的第一步。

（二）建设大数据产业生态信用体系，提升数据共享融通能力

国家大数据资产交易平台是唯一的国家级大数据资产交易平台，2019 年 9 月在人民数据正式上线，通俗地说即为数据界的淘宝。人民数据在提供数据服务中，以数据确权为基础，破除数据孤岛，促进数据交易，形成数据合法、应用合规、数据可信的大数据服务生态。同时，人民数据深入与政府、工业、农业、金融、电信等行业相关的细分领域，提供高效、便捷的大数据解决方案，实现大数据技术与实体经济的深入整合。

（三）"人民号"项目全面开启，人民数据正式进军卫星大数据领域

人民数据下设人民星云数据中心，目前已启动"人民号"卫星星座计划，计划在 2020～2026 年完成 90 颗卫星的发射、组网。2020 年 1 月 15 日人民数据成功发射了人民一号、人民二号卫星，11 月 6 日，还一次性发射 10 颗卫星，通过融合"大数据、人工智能、云计算、区块链、物联网"等核心技术，实现数据采集、存储、分析、挖掘一体化。近期，人民数据与

中国卫星产业应用协会还获批了"中国卫星产业应用大数据中心",以人民星云大数据为基础,不断创新卫星大数据应用,服务社会民生。

(四)打造县域经济大脑,精准赋能地方数字经济转型

"县域经济大脑"是助力地方政府数字经济转型的一款精准化大数据产品。平台通过全面采集运行监测、经济全景、产业云图、精准招商、经济绩效、产业对标、监控预警、企业画像等数据,实时、精准监测区域经济运行变化,挖掘高成长、高收入、高利税、高附加值企业。通过梳理地方产业情况,为当地提供产业链上下游相关产业、企业情况,助力完善产业链并实现精准招商。现在已经和山西定襄合作,通过"定襄区域经济大脑"助力"锻造之乡"打造"法兰锻造之都"。

(五)推出"人民出行"慢行交通,解决共享单车乱象

"绿水青山就是金山银山",习近平总书记在多个场合强调了绿色发展的思想,绿色消费、绿色出行的生活理念已经深入人心。为解决城市出行中普通存在的共享单车管理混乱、执行混乱、治理混乱的问题,"人民出行"作为目前全国唯一一家央资投资的共享电动自行车公司,通过与政府签订准入协议、上牌照、为骑行者购买骑行保险、运用电子围栏技术等，为各地规范化管理共享单车提供了绿色慢行交通促进工程的人民方案，打造了慢行交通管理系统，为共享单车行业的城市管理重新树立了全国标准、管理规矩和地方标杆。"人民出行"作为城市公共交通 10 千米范围内的重要补充，已经在成都、广东、广西、南宁、重庆等 90 多个城市和地区落地，有效解决了快慢交通冲突、慢行主体行路难等问题。同时，"人民出行"建设的中央、地方、企业的慢行交通大数据平台，打造了共建共享共治的现代化综合交通体系中智慧慢行交通生态圈，满足了人民群众对美好出行向往的需求。

现代化技术的发展带来了人们对更高生活水平的追求，也进一步加快了智慧城市落地步伐。人民数据作为大数据领域中的国家队，愿意与相关机构共商合作，互惠互利，共谋智慧城市的建设与发展。

万物互联支撑智慧城市建设迈向新阶段

刘治彦

新冠疫情对我国和世界经济发展带来巨大冲击，在这种情况下，我国提出加快以 5G 为引领的新型基础设施建设，以对冲疫情的负面影响。现就 5G 及其所形成的万物互联（AIOT）对智慧城市建设的支撑作用、基于 5G + AIOT 的智慧城市如何进行建设、5G + AIOT 支撑下的智慧城市建设面临的问题及对策三个方面做一些探讨。

一 万物互联对智慧城市建设的支撑作用

智慧城市依托 ICT、IOT 等网络信息基础设施，建立横向的数据平台，把纵向应用的交通、医疗、政务等这些数据整合到一个大的平台上来，对城市的设施、产业、服务以及管理等方面进行优化，构建完整的智慧城市生态系统，打造全新的城市形态，实现城市发展的智慧化。也可以形象比喻，它是给城市植入了神经系统，使城市具有智能感知、快速反应、优化调控的能力，提高了城市发展的可持续性。当然，也提高了城市效率，也提高了人类家园城市的宜居度和韧性，被认为是城市未来城市发展的高级形态。所以智慧城市不仅仅是城市发展的新理念和新模式，更是未来城市的新形态，它是智慧型的城市，也可以用公式来表述：智慧城市 = 信息网络设施 + 信息平台 + 智慧应用，因此，智慧城市可以按此三大部分来进行构建。

信息通信系统，包括在此基础之上组成的物联网，共同构建城市的信息网络基础设施，在此之上，建立各种各样的数据库，并组建巨型城市信息平台。这里需要对各类数据进行分类整理，形成一个可共同使用的信息平台。在此基础上第三个层面，就是对这些数据的挖掘应用，包括以产业和消费为核心的经济发展，同时也包括社会发展的民生领域，以及城市治理，特别是政府对城市公共资源优化配置，以提高城市运行效率。

这次疫情进一步地加快了智慧城市建设进程。从 2020 年开始，以新基建为切入点推进智慧城市建设。新基建首要的就是 5G 网络的建设。目前 4G 网络速度尽管比 3G 网络性能好了很多，但是跟 5G 相比，还是远不能适应智慧城市建设的需要。5G 除了速度快，同时广深覆盖，具有大容量、低时延、低功耗的特点，能够使万物互联，使物联网得到快速推进。万物互联才可能让智慧城市能够迈上一个新台阶。

5G 从技术上来讲，能够支撑每平方公里百万个传感器终端，性能远高出 4G，使得物联网能够真正发展起来。建立在 5G 移动互联网基础上，物品上的各种传感设备，能够在兼容情况下形成万物互联的网络体系。以前说智慧城市建设一直比较缓慢，2008 年首先提出来这个概念，已经 10 多年了，但是看不到哪些城市变成一个智慧城市，原因很简单，就是支撑智慧城市的网络信息基础设施没有到位。只有到了 5G 万物互联的物联网形成，才有可能生成海量的大数据，进而智慧城市运行才会有动能"原料"。

物联网被认为是未来 20 年最具颠覆性技术之一。但是它显然需要像 5G 这样一些新型网络基础设施来支撑。物联网企业，包括产业互联网出现了 BAT 之类的各种各样的领军企业，目前发展非常快。尤其是 5G 推开以后，与之相关的高速列车、无人驾驶的电动车等组成的车联网会取得较快发展。2019 年我在上海参加了世界汽车产业高端论坛，谈到今后 10 年汽车产业将会是一个什么趋势？当时我说今后 10 年车联网技术，特别是无人驾驶技术可能发展很快，目前汽车无人驾驶还只能是辅助驾驶。我觉得这个时代正在到来，因为车不仅仅是出行的工具，实际上能够形成好多的大数据。所以，今后车联网将会在 5G 时代发挥重要作用。

在 5G 之后，因为万物互联，导致数据呈现出大爆炸似的增长，为智慧城市提供充足的"动力原料"，在这种情况下，智慧城市建设才有可能。对于生成的这些爆炸性的数据，在处理的时候，就离不开人工智能（AI）技术。人工智能应该说是与 5G、万物互联、大数据相伴而生的技术，也会取得快速发展。因为只有通过人工智能才能处理这些大数据，同时，只有充分运用这些大数据才能加快人工智能的发展。有了机器学习和训练，有大数据、人工智能，才会有智慧城市发展。只有大数据挖掘技术的成熟和"城市大脑"，才可能优化配置资源和提高城市资源的使用效率，从而尽量减少对自然的索取和对环境造成污染。同时，人类的需求能够得到更好的满足，生产生活更加便捷，智慧城市建设才有可能迈上一个新台阶。

智慧城市发展一般经历四个阶段。首先是要从数字化开始，把城市各部件通过数字化转换成可记录的一些符号标识，形成一些空间信息和属性信息，构建各类数据库、影像资料库等信息库，再进一步对这些信息进行整合和开发利用，通过网络的传输，特别是网络化，比如现在市场发展较为成熟的电子商务，像阿里巴巴、京东这些企业等，网上办公的电子政务、线上教育等，但这个阶段还属于比较初期阶段。这些在 4G 网络上基本能够实现。而智能化相对更高级，它是对城市各个部件、对采集的信息进行自动反应，局部的综合反应，实现局部资源的优化配置，比如智能停车场、智能交通等，但也主要是指物物之间的智能感应、反馈。要达到智慧化高级阶段，必须要实现人与人、人与物、物与物之间的万物互联，使得城市在人的智慧作用下高效运行，进入智慧化阶段。

城市运营智慧化也是靠"城市大脑"这些智慧化的决策来推动的。只有在人工智能、智能机器人等替代人类的一些简单劳动，我们人类的智慧产品驱动城市发展和运行的时候，才能实现城市发展智慧化。可见，智慧城市发展是个漫长过程。需要伴随着网络技术不断的进步，所以只有建立在 5G 之上的万物互联，智慧城市才能迈上一个新的台阶。

总体来看，人类社会从原始社会到农业社会、到工业社会，目前正在迈入后工业化社会。后工业化社会到底是什么？这是有很多争议的，也有好多提法。有的说是生态文明社会，有的说是信息社会、知识社会，现在又提出网络社会等等。实际上我觉得这些都可以概括为是智慧社会。党的十九大报告第一次把迎接智慧社会的到来，正式写入了党的报告中，这表明已经确立了工业社会之后，迎来的是智慧社会，开启智慧时代。支撑智慧社会的物质、能量、信息三大要素形态与工业、农业和原始社会有较大不同，信息在调配物质和能量循环上发挥更大作用。人类智慧作为重要的信息流起到主导作用。我们知道，任何社会的发展都离不开物质、能量和信息这三大要素。在原始社会是薪火、木器和石块、原始的生物、简单的语言等等。农业社会是木火、青铜、传统医学、文字和纸张。工业社会是化石能源、金属与非金属材料，现代医学与生物技术、计算机与孤岛信息。而到了智慧社会，将会是新能源、新材料、新的基因生物医学技术、新一代信息技术、太空海洋的开发等高新技术为主体的新要素形态。

人类的创新、创意和情感，包括高新技术产业、文化创意产业、现代管理等成为主要产业，人类劳动的重要产品是智慧产品。所以，从三大要素的角度来看，以智慧城市作为载体，人类社会已经迈向智慧时代。

二 基于万物互联的智慧城市如何进行建设

2012 年以来，住建部已经颁布了不同层级的 200 多个城市开展智慧城市建设。当时也提出来"五化"，如规划管理信息化、基础设施智能化、公共服务便捷化、产业发展现代化，还有社会治理精细化，后来补上了"网络宽带化"，也就是从"六化"角度来推进城市从人居环境、基础设施、公共服务、产业发展、城市管理几个方面的全面智慧化。

国际上提出智慧城市建设标准，关键是在人。我国新型城镇化也提出"以人为本"。什么叫以人为本？城市发展为了人，这是从目标来看。从动力来看，城市发展依靠人。因此，一个智慧城市，如果居民不是智慧化的，那么它不可能是一个智慧城市。未来社会的人就要变成一个智慧化的人，居民的教育、知识增长、创新力和创造力、思想和情感等，是衡量智慧社会和智慧城市发育程度的重要指标。

5G和万物互联只解决了网络宽带化和万物感知智能化的支撑技术问题，对城市规划管理信息化、公共服务便捷化、产业发展现代化、社会治理精细化问题并没有解决。但是5G以后的万物互联及其形成的大数据，能够与人工智能和人类智慧结合在一起，能满足智慧城市的要求，这就是所谓的信息集成。

我们要用这些信息对城市运行进行模拟仿真和优化资源配置，从而实现城市发展的智慧化，智慧城市建设任务才可能完成。今天的智慧城市建设都离不开数据。毕达哥拉斯学派提出"万物皆为数"，就是说实际上万事万物都可以用数来进行表示它的所有属性。过去常用一些统计数据，这些都是人工可以统计的小数据。今后一些大数据，人工无法进行处理了，必须借助人工智能这样一些机器来进行识别和分类，对大数据的清洗，最后把统计数据、随机数据、空间数据等叠加在一起，结构性数据和非结构性数据变成一个海量数据库，这些数据库再经过提取一些有用的信息，特别是有一些能变成结构化知识的信息，就形成了各种各样的知识体系，最后再用于解决各类实际问题，就变成了智慧。可见，从数字到信息，到知识，到智慧，是一个逐渐演替的过程。知识只有解决了问题才变成人类的一种工具，变成一种力量，就是智慧。

所有的数据通过模型、比对等算法来形成各种应用，对城市模拟和仿真，从而为城市管理决策提供支撑。所以，万物互联会导致数据大量生成，最后才可以使智慧城市逐渐建立起来。

中国社科院国家未来城市实验室，2011 年组建以来致力于智慧城市建设，举办了多场年度智慧城市论坛，参与了首轮国家新型城镇化规划，对于城镇化的合理布局提出了创新方案。也探讨了"多规合一"的一些技术方法。在智慧招商、产业合理选择和布局等方面，还有城市的决策管理方面，都做了一些工作。包括对国家区域重大战略，按照北方、长江流域和南方三大经济地带以及传统的东中西三大地带来进行分析，形成 3 乘以 3 得 9 这样九大区域板块来谋划，并对各区域的主导产业进行了分析。同时，也开展了对北京市城市模拟，也提出了京津冀协同发展路径等。

三 万物互联支撑下智慧城市建设面临的问题及对策

当前，智慧城市建设还面临一些难题，必须考虑如何加快予以解决。

第一，大力建设新型基础设施面临一些技术制约。新型城镇化规划提出未来城镇建设三大主题，就是绿色、智慧和人文型城镇建设。我们要建设绿色城市，包括海绵城市、韧性城市、宜居城市等城市新形态，以及支撑智慧城市的新型基础设施。所以，这次疫情之后国家马上提出通过投资拉动使经济能够快速启动，但不是用过去的方法，而是通过新基建，从 5G 信息网络、特高压电网、高速铁路、地铁、新能源汽车、人工智能和大数据等七大领域建设，来拉动经济的发展。实际上不仅是为了拉动当前经济，而更主要的是为了未来可持续发展，建设面向未来发展需要的，面向智慧社会和智慧时代的新型基础设施。这七大领域建设，主要还是信息基础设施，当然也包括与之相关的新型能源和交通基础设施。5G 网络以及随之而来的万物互联的建设，使智慧城市建设的硬件设施得到有力支撑，但物联网建设需要大量芯片，这触及到了我们的痛点。

第二，建立统一省级大数据中心和市（地）县数据中心面临利益约束。全国已经制定了有关规范，但数据库建起来仍是比较难的，主要难点在于数据融合和技术融合。推动智慧城市建设一靠技术，二靠体制，但数据权属决定的利益矛盾影响了数据融合。

第三，如何强化各种数据的开发应用以推动产业转型升级和高质量发展。近些年，从事智慧城市研究学者逐渐多了起来，特别是以城市产业为核心的城市建设、城市对外联系、城市经济转型升级等方面研究。这有利于通过智慧城市的信息基础设施建设和数据整合，以及开发应用，来推动城市转型升级和高质量发展，最后实现国家的高质量发展。这就要谈到数字经济，特别是要加快传统产业的数字化、智能化，同时也要做大数字经济、智能经济，促使智慧城市的建设的基础——智慧产业快速发展起来，但这项工作任重而道远。

第四，如何整合智慧城市建设相关资源形成合力。一提智慧城市建设，大家都认为它涉及技术领域、自然科学领域，特别是工程技术和信息技术。实际上，智慧城市建设是一项系统工程，离不开各部门支持，包括人文社会科学和自然科学、工程技术部门紧密配合，需要多学科来进行集体攻关。

信息网络基础设施是必要基础条件，但它不是充分条件。只有智慧应用才是智慧城市建成的标志，当然这离不开数据，我们要哪些数据，这需要人文社会科学参与，而这方面目前来看还需要一个过程，亟待形成共识和加快推进。

总的来说，智慧城市建设是一个伟大的事业，我们非常幸运处在工业时代向智慧时代转型时期，特别是这次疫情加速了无接触式的经济社会发展新形态构建，更加需要加快建设智慧城市，但目前需要解决"强芯益智"难题，它需要信息网络基础设施技术的研发与创新，尤其对我国来说，一些关键信息网络基础设施建设技术非常重要，数据信息共享、融合也非常重要，更加重要的是要把它真正应用起来，使城市的民生、产业和社会治理步入现代化，建成真正的智慧城市。

加快我国全闪存产业创新发展的政策建议

李广乾

近年来全球数据总量正在快速增长。根据国际权威机构 Statista 的统计与预测，2020 年、2035 年的全球数据生产量分别为 47ZB、2142ZB，15 年间增长 45 倍；根据 IDC 和希捷科技的调研预测，未来两年，企业数据将以 42.2% 的速度快速增长。数据的这种爆发式增长，给我国的数据存储带来日益紧迫的挑战，当前我国必须加快政策调整，加强存储技术革新，优化存－算结构，为实现我国数字经济发展的自主可控、安全高效打下坚实的技术基础。

一 现代数据存储与半导体闪存技术创新

按存储介质的不同，现代数据存储主要分为光学存储

（CD、DVD、蓝光存储）、磁性存储（磁带、软盘、机械硬盘）和半导体存储三类。

作为产生时间最早的数据存储技术，光存储技术目前处于技术更新瓶颈期，无法突破，在存储容量、存储密度及存取速率等方面都受限制，极易受摩擦等外部作用而损坏。业界普遍认为，光存储技术是冷数据存储最主要的方式，适合归档类数据的长期备份使用，可与半导体存储介质搭配使用。

自从 1956 年 IBM 最早发明机械硬盘以来，其技术体系经历多次革新并趋于成熟，其核心技术、硬盘基本架构等保持稳定，硬盘存储容量突破 TB 级，多年来一直是现代计算机硬盘的代表。不过，从 2012 年开始，机械硬盘技术创新几乎陷入停滞状态，再未能有大的突破和创新，近年来机械硬盘在市场规模上正逐渐让位于半导体闪存的固态硬盘。

近年来，半导体存储器产业发展迅速，逐渐形成了以当前主流易失性存储器 DRAM、SRAM 和非易失性存储器 NAND FLASH、NOR FLASH、EEPROM 为主的技术路线，其中以 NAND FLASH 为代表的闪存器件因具有断电不丢失数据、高性能快速读取、大容量、绿色节能等特点，从而催生出了完全由 SSD 构成的全闪存储架构。相较于由 HDD 组成的传统存储架构，全闪存储架构即下一代存储技术拥有更高的 IOPS、更低的延迟、更大的吞吐率以及更低的能耗，并实现了存储介质、存储架构、存储协议、应用模式及运维模式等方面的迭代创新，能够满足高性能、易扩展、服务化和智能化等数字经济发展的最新要求（如表 1 所示）。

表 1　下一代数据存储技术发展方向

技术分类	传统存储	下一代存储
存储介质	机械硬盘存储、易失性内存	全闪存储、非易失性内存
存储架构	集中式存储	软件定义存储、超融合基础架构
存储协议	AHCI、SCSI 协议	NVMe 协议
应用模式	本地部署	云服务化
运维模式	人工运维	智能化运维

资料来源：中国信息通信研究院，《下一代数据存储技术研究报告（2021 年）》。

二　加快发展半导体全闪存产业的重要意义

尽管机械硬盘仍然占据相当的市场规模，但近来世界各主要 IT 厂商正在加速"磁退硅进"，大力发展以半导体为核心的新一代闪存技术已经成为业界的共识。据国际数据公司（IDC）统计，美国半导体全闪存的市场普及率已经达到 53%。然而，目前我国半导体全闪存的国内市场普及率只有 24%，约为全球平均水平的一半，与美国差距巨大。为此，我国必须加快半导体全闪存产业发展，尽快扭转这种不利局面。

实际上，加快半导体全闪存产业发展，对我国经济社会发展将带来巨大的促进作用。

首先，有助于克服数据存储领域的"卡脖子"风险。就我国存储产业发展而言，机械硬盘的最大问题是其产业链高度集中，100％被垄断在美国希捷、美国西部数据、日本东芝等三家厂商手里，三家垄断厂商在技术上将多个上游零部件行业进行模块化整合，在经营上通过资本层层控制，已经建立起了对驱动芯片、马达、磁盘片、读写头、总装厂的绝对控制能力。长期以来，我国一直没能够建立起机械硬盘的产业基础，存在很大的"卡脖子"风险。

而就半导体闪存而言，虽然产业规模还很低，仅占全球发货量的1％不到，然而我国一些企业如长江存储、华为、浪潮、新华三等公司已经掌握了半导体全闪存的关键技术，可以保障我国数据存储行业的自主可控。以华为公司为例，目前华为已具备全球唯一的端到端软硬件整合优化能力，最早实现自研存储芯片商用化，依托自研盘片、自研网络、自研软件的协同配合，各项性能业界领先。因此，加快实现由机械硬盘向固态硬盘的转变，将有助于早日实现我国数据存储领域摆脱卡脖子困境、实现自主可控、安全可靠，为实现我国数字经济的稳定发展提供坚实的安全保障。

其次，有助于加快我国下一代数据存储产业的快速发展。从表 1 可以看出，作为下一代存储的存储介质，非易失性全闪存储决定了下一代存储技术发展的基本内容和关键要素。基于半导体闪存技术的固态硬盘比传统的机械硬盘具有更多的优势：数据存储架构得以由集中式向软件定义、超融合架构转变，应用模式得以由本地化部署向云服务化转型，运维模式得以由人工向智能化转变。这些优势不仅使得以半导体全闪存技术为核心的下一代数据存储技术能够很好地适应当前我国数字经济新业态、新模式快速发展的需要，也将让我国的全闪存存储产业生态获得坚实的市场支撑，从而早日实现自我创新、自主可控。

第三，有助于优化我国全国一体化数据中心建设，提高"东数西算"效能。近年来，我国已经初步明确了国家数据中心建设总体布局。其核心内容，可以概括为：以建设全国一体化数据中心为目标，规划构建"数网"体系、"数纽"体系、"数链"体系、"数脑"体系、"数盾"体系，实施"东数西算"工程。然而，要均衡地实现这个总体布局，还需要对数据中心的数据"存 - 算"体系进行优化。例如，目前我国数据中心的算力 - 存储比例失调，制约了我国数据中心的绿色高效发展。

根据 Gartner 的数据分析，我们发现，过去 5 年美国数据中心"存"与"算"的能力比约为 1:1，而我国"存"与"算"的能力比约为 1:2。可以看出，美国的数据存储能力和计算能力是比较均衡的，而我国算的能力是存的能力的 2 倍，从而导致数据中心的计算资源利用率低下。如果我国将"存"与"算"的能力比调整到 1:1，就可将我国数据中心的资源利用率由目前的 35% ~40% 提高到 70% ~75% 左右，并降低不必要的成本开销。而要实现数据中心"存-算"能力的均衡发展，存储技术管理体系必须走全闪存化、超融合、云化与智能化的发展道路。

第四，有助于实现国家"双碳"战略。数据中心、高性能计算中心等数据基础设施历来是耗能大户。2018 年我国数据中心耗电量已达 1608 亿度，超过三峡工程加葛洲坝的总发电量，也超过整个上海市全年用电量；2020 年则已超过 2000 亿度，占全国总用电量的 2.7% 以上；预计 2030 年，数据中心耗电量将占全国总用电量的 3.7%。高能耗不仅带来了高成本，还带来了高碳排。2018 年全球数据中心的碳排放量已与航空业相当；当前我国数据中心总碳排放量则已接近一亿吨二氧化碳，相当于 2100 万辆汽车的排放。

当前，控制能耗水平、建设绿色数据中心成为我国数字经济发展的重要内容。2020 年，国家发改委等四部门联合下发的《关于加快构建全国一体化大数据中心协同创新体系的指导意见》要求，"进一步降低数据中心用电成本，加快推广应用先进节能技术，推动绿色数据中心建设，加快数据中心节能和绿色化改造"；今年，国务院在《关于建立健全绿色低碳循环发展经济体系的指导意见》中对此又做出正式部署："做好大中型数据中心、网络机房绿色建设和改造"，以确保实现碳达峰、碳中和。

与传统的机械硬盘存储相比，半导体存储介质更加绿色节能。由于在性能、效率上全面领先于传统存储技术，因此半导体存储在能耗方面的优势更加显著，其单位能耗仅为传统机械硬盘的三分之一。据 IDC 测算，一块全闪存固态硬盘替换传统机械硬盘所带来的绿色效益，相当于植树 150 棵。如果能够全面推广半导体存储介质，估算可使数据中心单位耗电量降低50%，所占用的空间面积节省 50%。

三　加快半导体全闪存产业创新发展的政策建议

尽管半导体全闪存技术对于我国数据存储安全及"数字中

国"建设、"双循环"战略都具有越来越重要的作用，但这种极其重要的战略作用却没有发挥出来。当前，尤其需要多措并举，加快构建自主可控的全闪存产业创新生态体系，为我国数字经济发展提供安全仓库。

（一）从战略高度重视存储产业创新发展，为建设数字中国提供安全仓库

从应对全球数字经济竞争和加快数字中国建设的战略高度出发，尽快编制数据存储产业发展规划，尽早完善我国半导体闪存产业战略布局，规划建设存储产业园，打造以半导体存储芯片与介质产业、存储硬件与软件产业、存储应用与服务产业为基本内容的半导体全闪存上、中、下游产业相互促进、协同发展的产业创新发展生态体系，为打造万亿级存储产业夯实基础。当前，要以全闪存占比、存算比、灾备覆盖率等指标为牵引，超前部署以半导体全闪存、高可靠数据灾备中心为代表的数据中心，择优支持一批半导体存储示范企业和数据灾备示范项目，从而加快我国数据存储产业自主可控进度，降低存储技术和制造的对外依存度，提升我国在数据存储领域的国际竞争力。

为落实半导体闪存产业战略布局，还需要采取如下两项措

施：首先，打造我国半导体存储行业龙头企业。参考韩国集中力量发展三星集团的经验做法，以新型举国体制为保障，加大产业投入强度与资源整合力度，打造兼具强大战略支撑力与国际市场竞争力的半导体存储行业龙头企业，夯实自主安全的存储产业底座。其次，积极布局下一代存储技术。加大对新型存储器的研发及市场化投入，加快布局磁性随机存储器（MRAM）、铁电存储器（FRAM）、阻变式存储器（RRAM）和相变随机存储器（PCRAM）等下一代存储器技术。

（二）研究出台促进半导体全闪存产业创新发展的扶持政策

当前，要从多方面研究出台促进我国半导体全闪存产业自主创新生态体系建设的政策措施。

首先，要在信创体系中率先实现存储技术的自主可控和超前部署。我国 IT 企业在半导体全闪存产业所取得的技术进步，为我国在存储领域实现自主可控提供了有利条件。这也可以看作是我国在信创领域取得的重要进展。为此，可以从存储行业入手，尽快出台党政、金融等领域的信创产品清单、认定测试标准和规范，便于各行业试点单位进行产品选择、项目验收。

其次，将国产半导体全闪存技术产品纳入《网络安全法》

的"网络关键设备和网络安全专用产品目录",为加快培育我国半导体全闪存产业自主创新生态体系提供最有效的鼓励和支持,同时也为我国关键信息基础设施建设提供更加可靠的技术支撑。

第三,加快制定国外落后存储设备的国产半导体全闪存技术产品替代工作方案,并将其纳入各地的新基建和数字经济发展规划。

第四,明确地将我国全闪存储技术创新生态建设纳入全国一体化大数据中心协同创新体系中。近来,国家发展改革委、中央网信办、工业和信息化部、国家能源局四部门先后联合发布了《关于加快构建全国一体化大数据中心协同创新体系的指导意见》(发改高技〔2020〕1922号)、《全国一体化大数据中心协同创新体系算力枢纽实施方案》(发改高技〔2021〕709号),工信部也发布了《新型数据中心发展三年行动计划(2021–2023年)》(工信部通信〔2021〕76号),对我国大数据中心建设进行了具体的部署。今后,在上述政策的实施过程中,有必要强调我国全闪存储技术创新生态建设的重要性,并明确地将自主可控的全闪存技术产品纳入国家枢纽节点、各省新型数据中心、边缘数据中心建设和"老旧小散"数据中心改造的考核评估指标中。与此同时,在加大算力建设的同时,应该注意保持存－算比的均衡协调，以保障我国数据中心建设的绿色、高效发展。

（三）加快推进数据灾备建设的全闪存化进程，夯实数据安全基础

数据灾备建设是保障数据安全的最后环节。但是，尽管相关法律法规及政策文件都反复强调加强灾备建设的重要性，我国在数据灾备建设方面仍然面临诸多问题，例如因为侥幸心理而灾备意识不足，一些重点行业的数据灾备建设投资比例、建设等级都过低等。灾难情况一旦发生将导致重大的事故和损失，实际上国内外的类似教训已经不胜枚举。因此，有必要加强数据灾备建设领域的安全执法检查，完善数据灾备审查演练制度，尽快扭转数据灾备建设的不利局面。为此，要将数据灾备建设作为大数据安全保障的重要项目，纳入全国一体化大数据中心协同创新体系、新型数据中心建设中。

在强化灾备建设过程中，必须将其与培育、发展我国自主可控的半导体全闪存产业生态建设相结合，推动制定全闪存数据灾备建设指引及其可信软件测试认证方法，形成我国数据灾备建设与全闪存产业生态协同发展的良好局面。

（四）加强我国半导体全闪存产业生态的支撑环境建设

由于我国数据存储产业一直为国外企业所主导，我国半导体全闪存产业发展较晚，因此全闪存产业生态的支撑条件严重缺乏，当前尤其需要从以下几个方面加快完善步伐。

首先，加快发展我国自主可控的、以半导体全闪存技术为核心的下一代存储技术标准体系。为此，要抓住全球存储介质升级、存储架构跨代演进的窗口期，尽快完善我国自身的数据存储、数据保护、安全评测等关键标准体系建设；同时，识别我国新型数据基础设施产业核心技术环节，集中国内优势技术力量，推动形成算、存、网融合的下一代存储架构标准，并加快行业示范的应用推广工作。

其次，加快发展存储安全技术，构建自主安全的"计算＋存储"一体化体系。加快布局存储设备数据加密和认证授权管理等存储安全技术，并通过建立存储技术适配中心等方式，引导相关存储软硬件产品尽快融入基于国内原生技术的自主安全计算体系，从而构建生态完善、技术领先、安全可靠、绿色节能的"计算＋存储"一体化体系，保障数字中国战略落实。

第三，尽早成立中国数据存储行业协会。尽管数据存储行业如此重要、产业规模很大，但我国却仍然没有建立相对独立的、富有行业领导力的中国数据存储行业协会，只是在中国计算机协会（CCF）设有存储专委会，但这难以满足我国数据存储行业快速发展的需要，也与数字中国建设不相适应。当前有必要尽早成立由有关部门牵头、国内存储龙头企业主导、产学研协同、服务我国存储行业自主创新发展的全国数据存储行业协会。

第四，培养储备我国存储产业高素质人才梯队。针对数据存储产业人才总量缺口大、地域和行业分布差异大等问题，建议进一步完善数据存储产业人才培养机制。一是根据数据存储产业发展规划，建立多层次、多元化的人才培养目标；二是鼓励高等院校设置数据存储类课程体系，注重学科间的交叉融合，鼓励跨学科选修数据存储类课程；三是探索高等院校与数据存储企业建立联合培养机制，培养并储备兼具专业理论与行业知识的复合型人才；四是进一步推动人事制度改革，鼓励地方政府引导企业完善人才激励机制，通过优化工资待遇、设置奖励基金等方式引进和留住高端存储专业人才，优化人才的地域和行业布局。

图书在版编目（CIP）数据

智慧城市论坛 . No. 5 / 刘治彦主编；丛晓男等副主编 . -- 北京：社会科学文献出版社，2022.10

ISBN 978 - 7 - 5228 - 0864 - 2

Ⅰ . ①智…　Ⅱ . ①刘… ②丛…　Ⅲ . ①现代化城市 – 城市建设 – 研究　Ⅳ . ①C912.81

中国版本图书馆 CIP 数据核字（2022）第 186048 号

智慧城市论坛 No. 5

主　　编 / 刘治彦

副 主 编 / 丛晓男　余永华　陶　杰　哈秀珍

出 版 人 / 王利民

组稿编辑 / 周　丽

责任编辑 / 王玉山

责任印制 / 王京美

出　　版 / 社会科学文献出版社·城市和绿色发展分社（010）59367143
　　　　　　地址：北京市北三环中路甲 29 号院华龙大厦　邮编：100029
　　　　　　网址：www. ssap. com. cn

发　　行 / 社会科学文献出版社（010）59367028

印　　装 / 三河市尚艺印装有限公司

规　　格 / 开 本：787mm × 1092mm　1/16
　　　　　　印 张：12.5　字 数：112 千字

版　　次 / 2022 年 10 月第 1 版　2022 年 10 月第 1 次印刷

书　　号 / ISBN 978 - 7 - 5228 - 0864 - 2

定　　价 / 98.00 元

读者服务电话：4008918866